Angelika Hoefler und Mario Atti

REINKARNATIONS FORSCHUNG mit dem PENDEL

Rückführung in
Ihre persönlichen Leben

WINDPFERD
Verlagsgesellschaft mbH.

Die Autoren

Nur zweimal sind sie sich in diesem Leben persönlich begegnet, und doch haben sie, viele hundert Kilometer voneinander entfernt, einige Jahre intensiv miteinander gearbeitet: dann war die ‚Reinkarnationsforschung mit dem Pendel', war eine offenbar gemeinsam zu lösende Inkarnationsaufgabe, war ihr gemeinsames Buch abgeschlossen; dann ging Mario Atti, seiner Buchpartnerin an Jahren weit voraus, zurück in die Geistige Welt.

Angelika Hoefler, Erfolgsautorin esoterischer Bücher und Mitbegründerin des weltweit ersten und einzigen Systems der Reinkarnationsforschung mit dem Pendel, das in diesem Buch vorgestellt wird, findet ihre Themen durch praktizierende und durch experimentelle Esoterik:

Mit großem Erfolg wagte die Autorin eine Symbiose zwischen I Ging und Zahlenkabbalistik, was eine völlig neue Anwendung des I Ging ermöglicht.*)

In der ebenfalls von ihr weiterentwickelten Zahlenkabbalistik, mit der sie die ‚Karma-Kabbalistik' begründete, verzichtet sie ebenso kühn wie gekonnt bei nicht datenbezogenen Analysen auf das Geburtsdatum des Namensträgers: allein der Name eines Menschen ist ihr Offenbarung – und wird ihren Lesern zur Einweihung.**)

Angelika Hoefler, deren Bücher in zwölf Ländern gelesen werden, erhält zahlreiche Einladungen zu Vorträgen, Workshops und Seminaren, denen sie folgt, soweit sie neben ihrer schriftstellerischen und praktischen esoterischen Arbeit Zeit dazu findet.

Wer mehr über die Autoren wissen möchte, der befrage analog der ihm hierfür gegebenen Fähigkeit sein Pendel.

---

*) Hoefler, Ging Ratgeber, Windpferd, Durach 1987
**) Hoefler, Namen – das ausgesprochene Geheimnis, Windpferd, Durach 1988

1. Auflage 1987
2. Auflage 1989
3. Auflage 1992

Umschlaggestaltung: Wolfgang Jünemann,
unter Verwendung einer Fotografie von Berthold Hinrichs
Zeichnungen im Innenteil: Heinz Dalmühle
Gesamtherstellung: Schneelöwe, Aitrang
ISBN 3-89385-012-0

Printed in Germany

Inhaltsverzeichnis

Kabbalistisches Inhaltsverzeichnis

Die Kapitel dieses Buches sind in ihrer Reihenfolge so gewählt worden, daß eine systematische Reinkarnationsforschung, nach einem logischen Frage-Aufbau, möglich ist. Zu einer Vielzahl von Pendelergebnissen wird, wie jeweils dann aufgezeigt, die Präexistenz unter karmischer Sicht verifizierbar sein; die Autoren haben sich hierzu der Kabbalistik, der Zahlenphilosophie bedient (und deren Grundlagen nach Reichstein im übrigen um einige interessante Aspekte vervollständigt).

Nach Abschluß aller Arbeiten zu diesem Buch, bei der Erstellung des Inhaltsverzeichnisses, wurde offenbar, daß der gewählte Kapitel-Weg exakt mit den Zahlenentsprechungen der Kabbalistik korrespondiert; es sei deshalb – auch von den Noch-Nichtkabbalistikern unter den Lesern – erlaubt, daß wir den nun vor Ihnen liegenden Weg zunächst auf diese außergewöhnliche Art und Weise vorstellen:

Vorkontrolle 1
Überprüfung der eigenen Pendelfähigkeit
Kabbalistische Entsprechung der Zahl 1: WILLE
(Das Ja zur Reinkarnations-Forschung)

Vorkontrolle 2
Überprüfung der Fragezeit zur Vermeidung von Pendelfehlergebnissen
Kabbalistische Entsprechung der Zahl 2: WISSEN
(Absicherung definitiver Ergebnisse)

Kapitel 1
Präexistenz, Anzahl der Inkarnationen
Kabbalistische Entsprechung der Zahl 1: WILLE
(Der Wille zu neuer Inkarnation)

Vorwort

Wer waren Sie in den vielen Leben vor diesem?

Wie oft haben Sie schon gelebt? Wann war das und wo? Waren Sie eine Frau oder ein Mann? Wie war Ihr Name, wie Ihr Naturell? Welchen Beruf hatten Sie, welche Neigungen und Fähigkeiten? Wie war Ihr Leben? Wann sind Sie gestorben und wie?

Welchen Menschen sind Sie in einem früheren Leben schon einmal begegnet, und wer waren sie? Leben Sie heute wieder mit einem Partner aus der Präexistenz zusammen? Sind Familienangehörige oder Freunde schon einmal oder mehrere Male Ihre Weggefährten gewesen? Welche karmisch bedingten Wiederbegegnungen wird es im Laufe Ihres jetzigen Lebens noch geben?

Wann und wo werden sich Vorfahren von Ihnen wieder reinkarnieren? Haben Vorfahren oder andere Ihnen verbundene Menschen sich schon wieder reinkarniert, und wie können Sie sie finden?

Wer werden Sie in dem Leben nach diesem sein? Welche Menschen werden erneut in Ihr Leben treten? Was wird sein, wenn Sie ein anderer sind?

Nie zuvor konnten Sie auf Fragen dieser Dimensionen verläßlich und überprüfbar Antworten erhalten. Nie zuvor hat es ein Buch gegeben, das Ihnen alles seit Anbeginn gespeicherte Wissen individueller Erkenntnisse und Erfahrungen zugänglich macht. Immer war diese Domäne der Geheimwissenschaften hermetisch vor der Welt verschlossen – bis heute.

Die Autoren sind sich der hohen menschlichen und der weit höheren karmischen Verantwortung voll bewußt, wenn sie Ihnen nun mit dem vorliegenden Buch eine umfassende Möglichkeit bieten, sich durch ernsthafte Arbeit mit dem Pendel Ihre persönliche Chronik zu erschließen. Die während dieser Arbeit in Ihnen erwachende Erkenntnis über

War, Sein und Werden Ihrer Inkarnationsindividualität erlaubt Ihnen, sich mit kosmischen Gesetzen vertraut zu machen und in diesen Gesetzen zu lesen wie in einem Buch; wie in diesem Buch.

In dem systematisch von Detail zu Detail führenden Pendelkarten-Kompendium offenbart sich Ihnen lückenlos der Weg vom Gestern zum Heute und weiter zum Morgen, zeigen sich Ihnen unverschlüsselt Aspekte, Möglichkeiten und Auswirkungen Ihrer Lebenshandlungen. Jedes Einzelergebnis kann jederzeit an jedem geografischen Punkt der Erde geprüft und wissenschaftlich wahrheitsbewiesen werden, Pendelfähigkeit selbstredend vorausgesetzt (nach vorliegenden Untersuchungen trifft dies derzeit auf 50 % aller Menschen zu).

Vor Ihnen liegt das Ergebnis jahrelanger kritischster Pendelforschung, die von uns gemeinsam zum Zweck wissenschaftlich haltbarer Reinkarnationsbeweise betrieben wurde. Vor Ihnen liegt ein Buch, das in den Händen des Berufenen eine unerschöpfliche Wissens-Quelle ist – in den Händen sensationsgerichteter Charaktere aber für diese unbrauchbar und sogar gefährlich ist.

Angelika Hoefler,
Mario Atti †

Warnung vor Mißbrauch

Auf ein Wort noch zuvor

Die Autoren machen ausdrücklich darauf aufmerksam, daß dieses Buch nur und ausschließlich zum Nutzen, niemals aber zum Schaden Dritter gebraucht werden darf! Dies würde eine gravierende Mißachtung der kosmischen Ordnung darstellen, und karmische Konsequenzen zur Folge haben!

Angelika Hoefler
Mario Atti †

Einführende Kurzanleitung für Pendelfreunde

Für Pendelinteressierte auf dem Weg zum Geistigen Pendler (s. Kapitel V1) gibt es keine allgemein-gültige Regel, ob mit der rechten oder mit der linken Hand, ob mit freiem oder aufgestütztem Arm oder gar, ob mit oder ohne Handschmuck gependelt werden soll. Es gibt indes für jeden Pendelpraktiker den einen und „für ihn allein richtigen Weg“. Dies sei also eigenem Dafürhalten und eigener praktischer Erfahrung überlassen. Das schließt auch die Wahl des Pendelmaterials und der Pendelform, den Pendelgriff und ebenso die Art und Weise der Odreinigung ein.

Dagegen sollte schon Beachtung finden, daß namhafte Forscher und Pendelpraktiker immer wieder empfehlen, die positiv-ausgleichende Wirkung des magnetischen Meridians auszunutzen, d. h. mit Blick in Südrichtung zu pendeln.

Jedoch in allen Fällen ist als verbindlich zu akzeptieren, daß bei einem offensichtlich falschen Pendelergebnis niemals das Pendel geirrt hat – das gibt es einfach nicht! –, sondern stets der „wunschdenkende“ Pendler. Eigens ist diesem Buch deshalb ein Lesezeichen beigefügt, auf dem Sie jede erhaltene Pendel-Auskunft auf ihre Richtigkeit hin kontrollieren können, was Sie bitte im eigenen Interesse grundsätzlich tun sollten.

Ebenso wichtig ist es, bei jedem Pendeln die kosmisch richtige Fragezeit (Kapitel V2) zu wählen. Auch ist es für klare Deutung unverzichtbar, wohlüberlegt „richtige Fragen“ zu stellen, d. h. einfach formuliert, ohne Wenn und Könnte, ohne verschachtelte Nebensätze.

Um Ihnen hier mit gebrauchstüchtigen Fragen zu helfen, empfehlen wir in jedem Kapitel mehrere Frageschema-Beispiele. Bitte, benutzen Sie diese ganz konsequent, und lassen sich nicht irritieren, wenn befreundete „Pendelerfahrene“ dazu meinen, solche Fragevorschläge wären manchmal enervierend oder gar überflüssig. Bedenken Sie stets: Es geht einzig und allein hier um Sie!

Setzen Sie in jedem Einzelfall des Erpendelns Ihre optimale Pendelbereitschaft ein, und lassen Sie sich niemals auf eine Ausnahme ein! Nur dann – glauben Sie uns – nur dann können richtige Ergebnisse für den Einzelnen erwartet werden, für jeden, der die mutige „Suche nach sich selbst“ mit diesem Buch nun beginnen kann.

Dazu wünschen wir Ihnen von ganzem Herzen: „Viel Erfolg!“

Kapitel V1

Pendelkraft

Vorkontrolle zur Pendelfähigkeit

Nach Wissen beider Autoren ist es das erste Mal, daß ernsthafte Reinkarnationsforschung auf dem Wege der Pendelhilfe möglich und auch publik gemacht wird.

Damit wird zugleich auch an Ihre Einsicht appelliert, von dieser neuartigen Kommunikationsmöglichkeit nicht gleich „persönliche Wunder" zu erwarten, die sozusagen auf Anhieb bis in fernste Vergangenheit zurück keine Antwort schuldig bleiben. Das gibt es nicht! Kann es ebenso nicht geben, wie ohne aufbauende Vorbereitungen eine erfolgreiche Besteigung des Mount Everest.

Bereiten Sie sich also auf „Ihre Bergbesteigung" systematisch vor.

Es liegt im eigenen Interesse jedes wahrhaft Suchenden, sich über den Grad seiner Pendelfähigkeit kritisch zu unterrichten, bevor er sich auf den Weg macht, mehr wissen zu wollen und sich bei derzeit möglicherweise noch „geringen Potenzwerten" natürlich keinesfalls entmutigen zu lassen, sondern seine Gaben weiterzuentwickeln, weiter zu verfeinern, sich darin unentwegt zu üben.

Wer den Erfolg anstrebt, wird ihn erreichen, auch den Pendelerfolg. Denn dann, wenn das „weise geführte Pendel" freien Weg zum Ziel signalisiert, kann und wird dieses Buch seine hohe Aufgabe erfüllen. Mit anderen Worten: solange das Pendel diesen Weg noch nicht anzeigend freigibt, gilt unmißverständlich, daß jeder Mensch durch sein Wunschdenken auch hier irren kann und irren wird.

Wirken Sie dem entgegen, stellen Sie sich ganz konsequent ein auf Ausschaltung von materieller Triebwelt und intellektueller Zweckwelt; steuern Sie in Richtung Imaginations- und Inspirationswelt. Es ist ein erreichbares und lohnendes Ziel, denn es führt Sie an das Tor zu der Erkenntnis: „Mein Weg vom Gestern zum Morgen liegt vor mir wie ein aufgeschlagenes Buch ...“.

Die Autoren wünschen Ihnen nun: „Viel Kraft!“

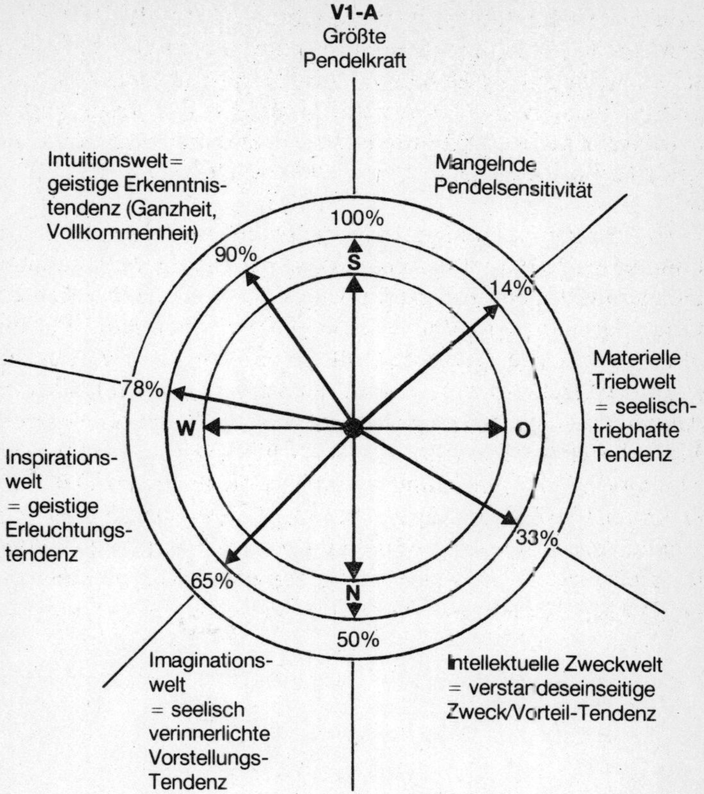

V1-B
Kontrolle auf Lesezeichen

Frageschema

- Auspendeln (hier und bei allen weiteren Buchtafeln stets mit Tafelkopf/Gesicht nach Süden (= Sicherheitsfaktor im magnetischen Meridian!).
- Richtungskontrolle erstmals mit Hilfskompaß.
- Zur detaillierten Auswertung siehe Interpretationsschlüssel.
- Pendelergebnis-Kontrolle immer abschließend in V1-B auf Lesezeichen.

Interpretations-Schlüssel:

0-14 %
Mangelnde Sensitivität und damit keine zuverlässige Pendelfähigkeit im Sinne ernsthafter Reinkarnationsforschung. Erneute Befragung nach 6-8 Monaten – auch zur Orientierung über die eigene geistige Weiterentwicklung.

14-33 %
Sensitiver Pendeladept, der jedoch materielle und triebgebundene Lebensaspekte noch zu sehr in den Vordergrund rückt, um zuverlässige Pendelergebnisse erhalten zu können. Auch hier erneute Befragung nach 6-8 Monaten.

33-50 %
Intellektuelle Werte des Pendlers sind noch sehr in materieller Zweck- bzw. Vorteilstendenz verhaftet. Diese Vorstufe zur ethischen Reife sollte jedoch im Turnus von etwa 3 Monaten überprüft werden.

50-65 %
Der Fragende befindet sich im Umbruch seiner geistig-ethischen Entwicklung; ein Skalenwert, der trotzdem gewissenhafter Selbstkritik bedarf, da die imaginären Qualitäten so dicht vor dem Tor zur Fähigkeit des Geistigen Pendelns eine neutrale, objektive Beurteilung finden müssen.

65-78 %
Geistiges Pendeln generell möglich, und zwar als direkte Vorstufe zuverlässiger Präexistenzforschung; Überprüfung im Turnus von 4-6 Wochen bis zur Erlangung des nächsthöheren Wertes.

78-90 %
Ab 80 % erschließt sich die eigene und die Präexistenz Dritter. Noch höhere Werte bedürfen wohl keiner Erklärung.

Die Suche kann beginnen – mit Tafel V1.

Kapitel V2

Fragezeit

Vorkontrolle gegen Pendelfehlergebnisse

Das Geistige Pendeln erfordert absolute innere wie auch äußere Ruhe und eine durch nichts beeinflußte und beeinflußbare Konzentration. Eine physische oder psychische Indisponiertheit, Hemmungsimpulse Anwesender, aber auch Störeinflüsse kosmischer Art, sogenannte Tattwa-Hemmungen, können zu Pendelfehlergebnissen führen.

Die Reinkarnationsforschung, die von jedem betrieben werden kann, der mindestens 80 % Pendelfähigkeit (Tafel V1) besitzt, wird nicht nur die Konturen seiner vergangenen Existenzen zeichnen, sondern das gesamte Bild der Inkarnationen vollenden können, wenn die Fragezeit richtig gewählt ist. Die Forschung führt durch Zeit und Raum, sie führt zurück zu Lebenssituationen und persönlichen Begegnungen, sie offenbart den gesamten Lebenslauf des Fragenden von seiner Ursprungsinkarnation bis zum heutigen Tage – einigen auch die künftigen Erdenleben. Jede Erkenntnis, die der Reinkarnationsforschende nun gewinnt, ist ein karmischer Hinweis. Ein Fehler aber kann ihm nicht nur einen falschen Weg in die Vergangenheit weisen und damit ein Fehleinschätzen seiner Gegenwartsinkarnation nach sich ziehen, ein Fehler kann nun auch den falschen Weg durch das Heute zum Morgen weisen. Man prüfe daher mit aller Sorgfalt, ob die Zeit, mit dem Pendel zu arbeiten, gut gewählt ist.

Soweit es darum geht, wahrheitsgefährdende kosmische Schwingungen zu berücksichtigen, stellt die von Atti entwickelte „Pendel-Uhr“ sicher ein Novum von unschätzbarem Hilfswert für den Pendelpraktiker dar; sie ist im übrigen so konzipiert, daß auch der mit den Tattwas nicht vertraute Leser sich ihrer ohne Schwierigkeiten bedienen kann.

V2-A
Fragezeit zum Pendeln ?

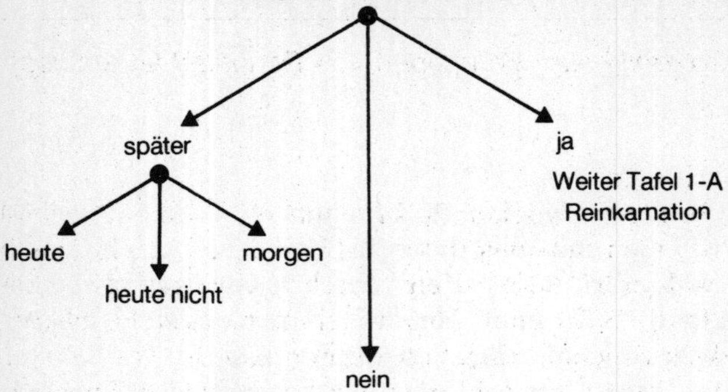

V2-B
Fehlerursache

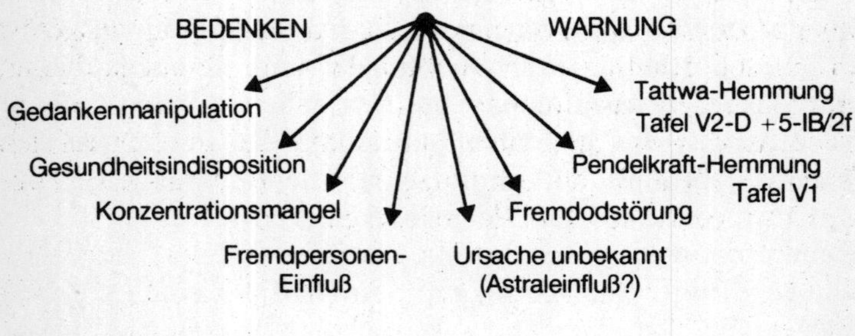

V2-C
Kontrolle auf Lesezeichen

Frageschema
- Zunächst nach Taf. V2-A Auskunft einholen, ob jetzige Fragezeit zuverlässige Pendelergebnisse gewährleistet.
- Bei »Ja«-Antwort mit Suche beginnen nach Taf. 1-A.
- »Später«-Pendelaussage erfordert Fragewiederholung zum gegebenen Zeitpunkt
- Bei »Nein«-Antwort dann in Taf. V2-B Fehlerdisposition erfragen und Ursache abstellen (falls möglich), wobei Unterteilung in »Warnung« bzw. »Bedenken« die Störeinflußart näher charakterisiert.

Pendel-Uhr

Vorkontrolle zum Vermeiden von Pendelfehlergebnissen

Generell gilt:
Kein Befragen zwischen 20 Minuten vor – und 20 Minuten nach Stunden mit ungerader Zahl (1, 3, 5, ... 21, 23 Uhr), weil während dieser Zeit durch schwingendes Akasha (s. Tafel 5-IB/2f) eine Tattwa-Hemmung besteht, also kein korrektes Ergebnis eingeholt werden kann.

Unter Tattwa versteht man den kosmischen Schwingungsrhythmus von 5 × 24 Minuten (nach Mlaker, Geistiges Pendeln), in dem als Kraft der schöpferischen Pause alle 2 Stunden für 24 Minuten Akasha regiert.

Bei Beachtung obiger Regel (nach Atti) läßt sich Akasha aber trotz jahreszeitabhängiger Tattwa-Hemmung, ausgelöst durch die Rhythmusverschiebungen beim Sonnenaufgang, mit Sicherheit ausschließen!

Weitere, wenn auch nicht auf die Stunde, so aber auf den Tag oder die äußeren Umstände fixierte Hindernisse sind aus der Vorkontrolltafel V2-B ersichtlich.

V2-D
Pendel-Uhr

mit 20-Minuten-Einteilung
für freie Pendelzeiten und Fehlerzeit-Risiken*)
im 2-Stunden-Rhytmus
(120 Minuten = 5 x 24 Minuten kosmische Tattwa-Schwingung)

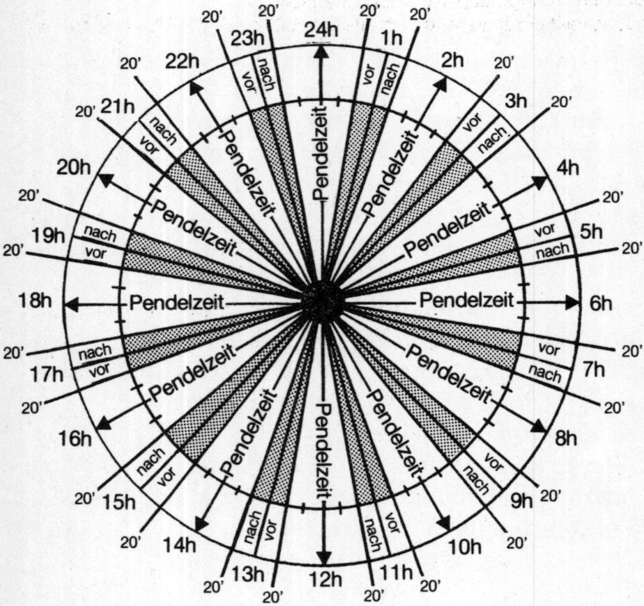

***) Keine Pendelzeit**

Vor/nach ungerader Stunde bei MEZ (vgl. 5-IB/2c+d)	' = Minuten
vor/nach gerader Stunde bei Sommerzeit (Mai/Sept.)	h = Stunde (hora)

Erfahrungswert aus z.B.:	
Akasha-Hemmung (jahreszeitabhängig)	= 12' + 12' = 24'
für Zeitunabhängigkeit	= 8' + 8' = 16'
Gesamthemmung während	= 20' + 20' = 40'

In dieser Zeit besteht für Pendler Tattwa-Hemmung (= Fehlergebnis) durch Akasha-Tattwa vgl. 5-IB/2d=2f.

V2-E
Kontrolle auf Lesezeichen
oder durch wirkliche Uhrzeit (od. Taf. 5-IB/2..)

Frageschema

- Nach Hinweis in V2-B auf Tattwa-Hemmungen ist Zeitorientierung/ Zeitüberprüfung nach Taf. V2-D unerläßlich
- Im Zweifelsfall zusätzliche Uhrzeit-Kontrolle nach V2-E(Lesezeichen).

Kapitel 1

Präexistenz

– Suche nach Inkarnationen –

Um die Dinge klar erkennen zu können,
muß man sie von ihrem Beginn an verfolgen.
Aristoteles

Wenn wir am Morgen erwachen, so gehen wir in einen neuen Tag, von dem wir bestenfalls wissen, was er uns an Pflichten bringt oder welche Pläne wir mit ihm haben. Pflichten, Pläne und Ereignisse aber sind determiniert durch das, was wir an jedem Vortag getan haben oder auch versäumt haben zu tun. Ob wir glücklich sind oder Sorgen haben, ob wir noch lernen müssen oder schon anwenden oder gar lehren, dies alles wurde durch die vergangene Zeit, die hinter uns liegenden Tage vor-bestimmt. Auch heute wieder, jetzt, in diesem Augenblick, legt jeder von uns den Baustein für den weiteren Verlauf dieses Tages – und damit für Ereignisse und Notwendigkeiten des nachfolgenden Tages. Alles ist mit allem verbunden.

Edgar Cayce sagte einmal: „Für die Analyse und das Selbstverständnis des Menschen ist es gut zu wissen, woher er kam und wohin er gehen wird". Wie oft haben wir einen neuen Tag begonnen, den wir nicht verstanden haben mit seinen Ereignissen – weil wir ihn nicht in Verbindung brachten mit dem Vortag. Wie oft haben wir ein neues Leben auf diese Weise begonnen? Wann überhaupt hat unsere Berührung mit dem Tag begonnen? Welche Wege sind wir gegangen, um vom Gestern zum Heute zu gelangen? Welche Wege noch werden wir gehen müssen, um vom Heute zum Morgen – und endlich eines Tages zum Ziel zu gelangen?

1-A
Kontrolle auf Lesezeichen

1-B
Inkarnations-Anzahl

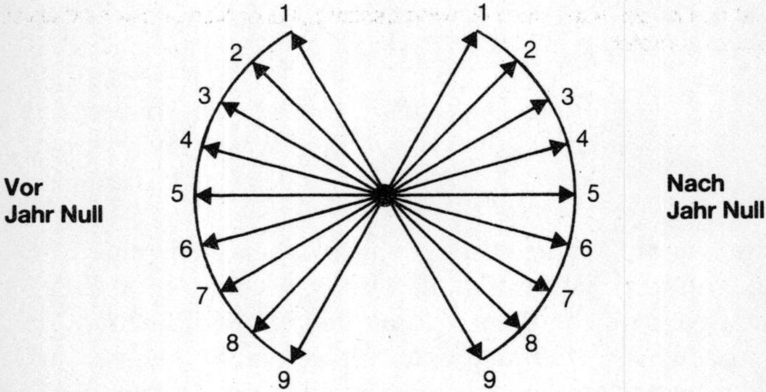

1-C
Über wieviele Inkarnationen sind dem Fragenden Details zugänglich?

Frageschema

● Vorwegfrage in 1-A(Lesezeichen): »Befinden sich in Tafel 1-B zurückliegende Reinkarnationshinweise für Fragesteller?«

● Sagt Pendel in 1-A »Nein«, wird die Frage später mehrmals kontrollierend wiederholt. Eventuell erneut nochmals vorprüfen nach Pendelkraft-Tafel (V1) + Fragezeit-Tafel (V2).

● Anschließend in 1-B jeweils getrennt links + rechts weiterfragen: »Wieviele Reinkarnationen hat Fragesteller vor/nach dem Jahr Null?«

- Nach der angezeigten Auskunft: nun über betreffende Zahl auch die Bestätigung (=3-A) auspendeln. Zur Gegenkontrolle müssen jetzt alle übrigen Zahlen »Nein« ergeben.
- Zur Ausschaltung eventueller Gedanken-Manipulation durch Kenntnis der erfahrenen Inkarnationsanzahl sicherheitshalber nochmals zusätzlich Kontrolle auf Lesezeichen. Bei jetzt differierender Pendelaussage erneut die Fragezeit-Tafel V2 einschalten!
- Erst nun ist die Präexistenz-Antwort bestätigt, kontrolliert und korrekt als eingeholt zu vertreten.

Kapitel 2

Zeit der Inkarnation

Unter vielen, jahrhunderte-, vielleicht jahrtausendealten Schichten unseres heutigen Seins bewahren wir alle das Wissen um die Evolution unserer Geistseele. Schicht für Schicht müssen wir abtragen, um nun wieder an das Wurzelwissen zu gelangen, um zu erkennen, daß wir die Bedingungen für unsere karmischen Jahreszeiten, die Wachstumsperioden wie die Zyklen der Umwandlung, selbst schaffen und immer schon selbst geschaffen haben. Wenn wir nun diese Erden-Schichten durchdringen, so gelangen wir in Welten, denen wir uns im Laufe vieler Inkarnationen auf der Bewußtseinsebene entfremdet haben. Wir begegnen uns vielleicht wieder beim Bau der Cheops-Pyramide, in der Kutte eines buddhistischen Mönches, bei der Inquisition, als König eines hungernden Volkes, als Krieger eines Indianerstammes, als Erzieherin adliger Kinder, als Mätresse eines Souverän oder als Fischer in einem kleinen griechischen Dorf. Vor jeder Identitätsbetrachtung aber müssen wir uns mit der Zeit vertraut machen, in der wir gelebt haben. Und mit jeder Identitätsbetrachtung später müssen wir die gewonnenen Erkenntnisse in bezug zur damaligen Zeit und den damaligen Verhältnissen setzen. Zu „verschiedenen" Zeiten ist uns ein bestimmtes Maß an Zeit gegeben worden, uns geistig und ethisch weiterzuentwickeln. Welches also waren die Voraussetzungen, die wir damals antrafen? Wieviel Zeit hatten wir zur Verfügung? Und: wie oft vorher schon und nachher noch haben wir die Chance bekommen? Wieviel Zeit haben wir genutzt, wieviel vergeudet – wieviel Wissen lag unerkannt unter den Eigenschichten und hat bis zum heutigen Tag darauf gewartet, endlich entdeckt und angewandt zu werden? Die „Zeit" gibt jetzt Antwort auf diese Fragen.

2-A
gilt nach 1-B
für eine vom Geistigen Pendler festzulegende Inkarnation

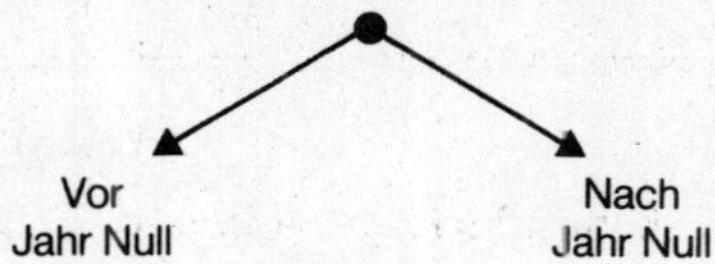

2-B
Inkarnations-Zeit

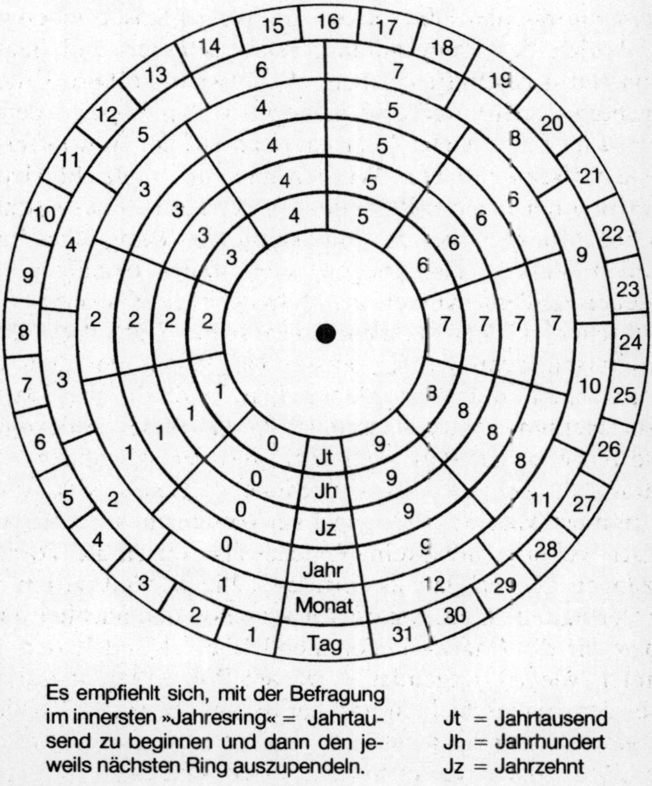

Es empfiehlt sich, mit der Befragung im innersten »Jahresring« = Jahrtausend zu beginnen und dann den jeweils nächsten Ring auszupendeln.

Jt = Jahrtausend
Jh = Jahrhundert
Jz = Jahrzehnt

2-C
Beispiel 3.11.1900
Such-Reihenfolge: 1900. 11. 3.

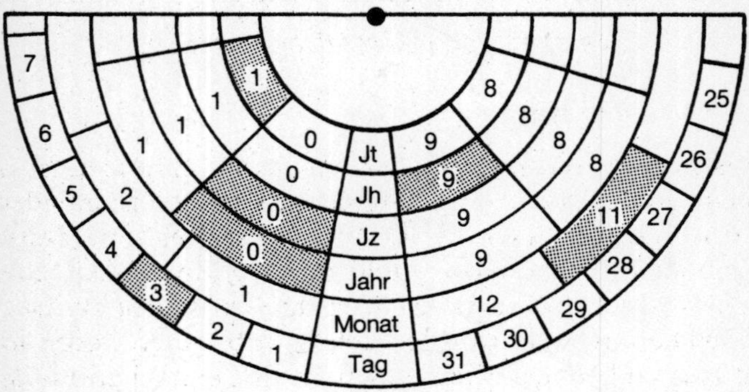

2-D
Kontrolle auf Lesezeichen

Frageschema

- Zuerst in Taf. 2-A gedankliche Festlegung der zuvor in Taf. 1-B erpendelten und jetzt hier weiter zu ergründenden Inkarnationsdaten.
- In Taf. 2-B die zu erfragende Inkarnations-Zeit auspendeln, und zwar stets in der Zahlenreihenfolge nach Beispiel Taf. 2-C.
- Taf. 2-B ist anwendbar für alle gesuchten Inkarnationsdaten, die jeweils getrennt nacheinander ausgependelt werden müssen.
- Alternative Inkarnationszeit kann vielerlei Möglichkeiten der Anwendung betreffen, wie z.B. außer Geburtsjahr/Datum einer Person auch Beginn und Sinn einer Partnerschaft (Kap. 6), Begegnungsjahre, Gründerjahre von Unternehmen oder Vorhaben usw. Alle diese »Zeit- und Ereignisfälle« sind auszupendeln nach gleichem Schema und als solche dann auch interpretierbar nach Taf. 8-A3a.
- Vor Fortsetzung der Suche erfolgt Gegenkontrolle von jedem Ergebnis: Alle übrigen Zahlen dann auf Befragen ein »Nein«. Bei differierender Pendelaussage erneut Vorkontrollen in Taf. V1 + V2 einschalten.
- Endkontrolle über 2-D(Lesezeichen), auch hier wieder stets getrennt für jedes inkarnative Datenereignis.

Kapitel 3

Geschlecht der Inkarnation

Suche nach inkarnativer Mutation

Basis für die Berechnung alles und jedes Künftigen ist die Zahlen- oder Datenkonstellation von schon Existierendem. Und wer Zahlen lesen kann, der entdeckt, daß die Zeiten, Situationen, Erfahrungen – und auch die Mutationen einander abwechseln. Mit anderen Worten: es kristallisiert sich ein Zyklus heraus. Man wird feststellen, daß dieser Zyklus einmal Plus und einmal Minus geschaltet ist, einmal positiv und ein anderes Mal negativ verläuft, nie aber gleichzeitig das eine und das andere darstellt, denn Plus und Minus heben einander auf.

Wenn Astrologen das Geschlecht eines erwarteten Kindes vorausberechnen sollen, beziehen sie in ihre Rechnung die Daten mehrerer Vorgenerationen des Kindes ein und erfahren so, welches Geschlecht aufgrund vorliegender Familiendaten „an der Reihe“ ist.

Das besagt nun: jegliches Künftige ist Ergebnis der Summe des Vorangegangenen. So beruht auch jede Mutation, jeder Geschlechtswechsel der sich inkarnierenden Seele auf einem logischen und berechenbaren Ordnungsprinzip, auf der gesamt- und der individuell-karmischen Notwendigkeit. Jeder Mensch muß jede Erfahrung in jeder Stufe und Form in jeder der beiden Geschlechtsarten machen, um seine seelisch-geistige Gesamt-Entwicklung und seine endliche Vervollkommnung zu erreichen.

Nun strebt, wie auch Rudolf Steiner in seinen „Offenbarungen des Karma“ beschreibt, immer das, was wir als Eigenschaften in der Seele zwischen Tod und neuer Geburt erleben, in die nächste leibliche Existenz hinein. Ein Mann wird so also die ihm adäquate materialistische Tendenz so lange beibehalten bzw. fortsetzen müssen, bis er die jeweilige Stufe seiner Entwicklung als Mann „ausgelebt“ hat; eine Frau wird die ihr eigenen und dafür beim Mann nicht so ausgeprägten geistigen Erfahrungen intensivieren und ihrerseits die entsprechende Phase ausleben, bevor sie als Mann inkarniert wird.

Aus unserem damaligen wie auch dem heutigen Geschlecht können wir also jetzt schon deutlicher die Aufgabe erkennen, die zu bewältigen uns gestellt war oder ist. Auch läßt sich am Grad der Ausgeprägtheit der geschlechtstypischen Verhaltensweisen in der Jetzt-Zeit oft schon eine Art Zwischenergebnis ablesen, so z. B., ob in der vergangenen Inkarnation das andere Geschlecht gerade ausgelebt wurde oder ob ein Mensch sich augenblicklich in der Schlußphase einer Stufe als Mann oder als Frau befindet und in nächster Erdexistenz das Geschlecht wechseln wird. Wir sehen: das Geschlecht sagt niemals etwas über die „Qualität“ eines Menschen aus, es ist lediglich das „zur Zeit“ bestgeeignete Material, um die Brücke zur Erkenntnis wieder ein Stück weiterzubauen.

3-A
Von Gesamt-Inkarnationen nach Taf. 1-B waren...

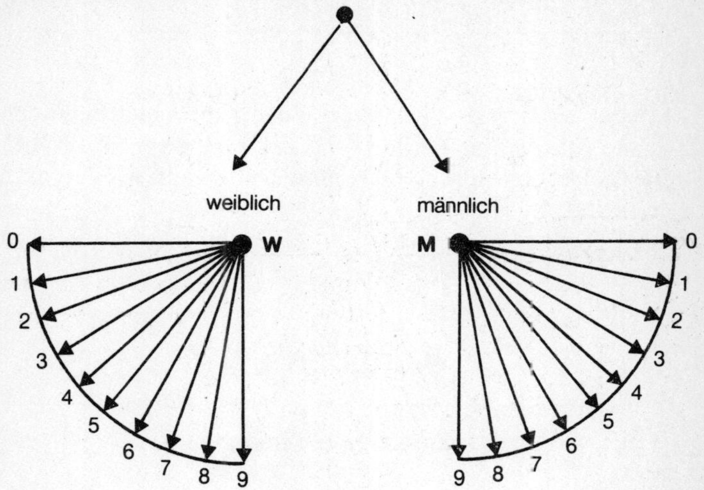

3-B
Einzel-Inkarnation
(mental festgelegt als 1., 2., 3., 4. usf. zurück) war...

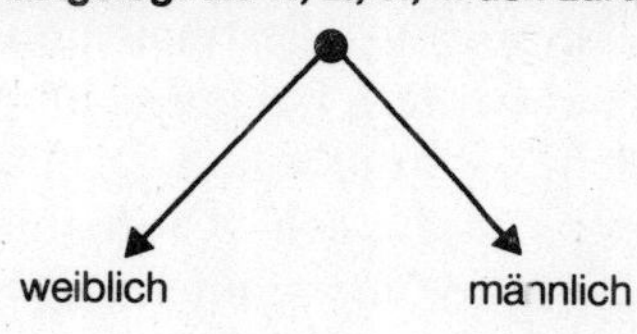

3-C
Kontrolle auf Lesezeichen

Frageschema

- Taf. 3-A informiert links unter W über die Anzahl der Inkarnationen als Frau, und rechts unter M über die als Mann.
- Taf. 3-B dient der Bestimmung des Geschlechts einer vom Fragenden vorher mental festgelegten Inkarnation (nach Taf. 2-A/E).
- Erhaltene Zahlen aus Taf. 3-A und das Ergebnis aus Taf. 3-B sind jeweils zu überprüfen als Endkontrolle über 3-C(Lesezeichen).

Kapitel 4

Geografische Inkarnations-Situation

Die Suche nach vorinkarnativen Wegen kann hier beginnen, der erste (und durch Kapitel 4-I/5 noch näher verifizierbare) Hinweis auf geografische Determinierung kann wiedergefunden werden.

Kontinente

Kontinent-Suchbereiche

Von der ersten erreichbaren Inkarnation ausgehend führt Sie dieser Weg vielleicht von Kontinent zu Kontinent, auf eine „Weltreise der Erfahrungen". Erstmals haben Sie nun Gelegenheit, sich prüfend in allen Erdteilen umzusehen und festzustellen, aus welcher Zeit (Kapitel 2) möglicherweise vorhandene Neigungen oder auch Antipathien in bezug auf einen bestimmten Kontinent stammen, ja, Sie werden wahrscheinlich sogar an dem einen oder anderen Ort Ihrer Präexistenzreise von damaligen Verwandten oder Freunden empfangen, die heute wieder Ihr Leben begleiten (Kapitel 6).

Ebenso wird es Ihnen nun möglich sein, einen Vorfahren, so er inzwischen wieder reinkarniert ist, wiederzufinden (Kapitel 6-B5), und wäre er auch „am Ende der Welt".

Der innere Weg kennt keine Entfernungen. Wir wünschen Ihnen erfolgreiche Reisen in den nächsten Kapitelteilen.

4-IA
Richtung

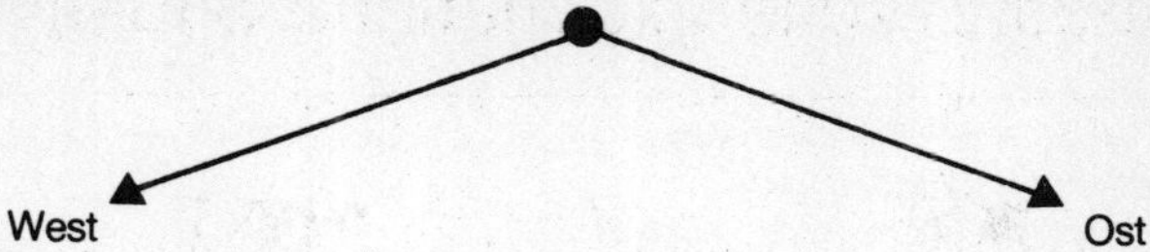

4-IB
Kontinentsuche

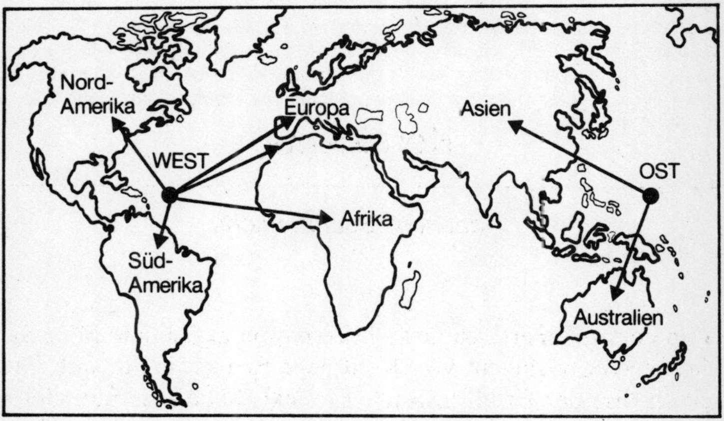

4-IC
Inkarnative Situation

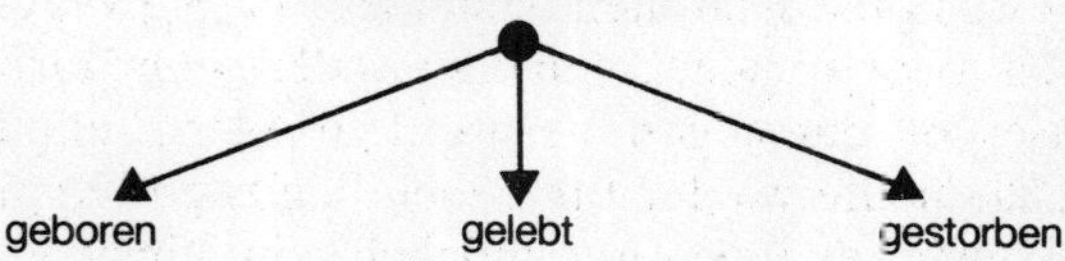

(zeitlich)

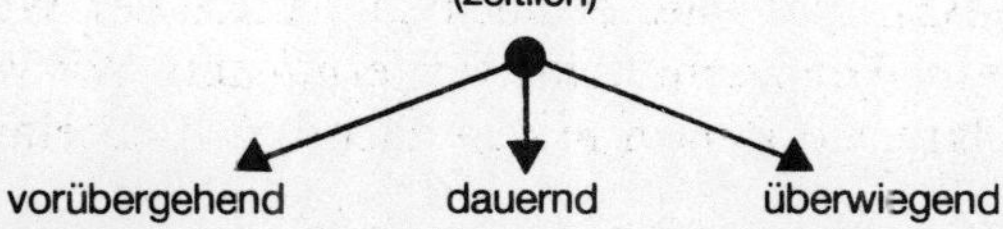

4-ID
Kontrolle auf Lesezeichen

Frageschema

● Beginn der Richtungssuche West/Ost in Taf. 4-IA mit Auskunft, wo befragte Inkarnation stattgefunden hat.

● Dann Kontinentsuche nach Taf. 4-IB.

● Richtungsangabe und Kontinentbestimmung sind stets zu überprüfen mit 4-ID(Lesezeichen). Bei »Ja«-Bestätigung müssen alle übrigen Fragen die »Nein«-Gegenkontrolle ergeben. Erst dann gilt die inkarnative Grundauskunft als korrekt eingeholt.

● Nach 4-IC ist die gesuchte Inkarnationssituation weiter aufzuschlüsseln. Auch diese Auskunft nochmals überprüfen mit 4-ID(Lesezeichen).

● Weitersuche: Für Europa siehe 4-II, für den Mittelmeerraum siehe 4-III. Für alle weiteren Kontinente mit dem Atlas oder eigenen Hilfstafeln nach dem Muster von 4-II. Das Ergebnis kann mittels geographischer Landeskarten dann präzisiert werden.

Europa (Mitte 20. Jh.)

Land-Suchbereiche

Medien übermitteln in Trance oft Botschaften in einer Vielzahl von Sprachen, die sie in ihrer jetzigen Inkarnation nachweislich nicht gelernt haben.

Kinder artikulieren sich in mehreren Sprachen, noch ohne, daß sie ihre jetzige Muttersprache vollends beherrschen.

Jemand besucht ein ihm „fremdes“ Land und versteht sofort die Sprache der Einheimischen und steuert zielsicher auf Orte, Plätze, Gebäude zu, die tatsächlich an der vorher angegebenen Stelle existieren oder, was entsprechende Nachforschungen dann zeigen, existiert haben.

Für all dies gibt es prominente Beispiele zuhauf. Wieviele aber gibt es, die nicht geprüft, beurkundet und besiegelt und in der Öffentlichkeit diskutiert worden sind?! Und wie viele erst mögen es sein, die nicht auf solch gravierender „spontaner Erinnerung“ beruhen und doch ebenso Sprache der Vergangenheit sind?!

Oft ist es nur ein vages Gefühl, mehr einem anderen als dem heutigen Geburtsland anzugehören, sich in einem anderen Land gleich wie zu Hause zu fühlen oder auch, ein Land und seine Leute abzulehnen, weil man in dem betreffenden Land vielleicht einst ein Da-Sein unter weniger positiven Bedingungen geführt hat.

Alle diese wie auch ähnliche Erlebnisse entstammen einer einzigen Sprache, der Sprache unserer allwissenden, sich erinnernden Geistseele. Wir müssen nur lernen, genauer hinzuhören, sie wieder zu verstehen.

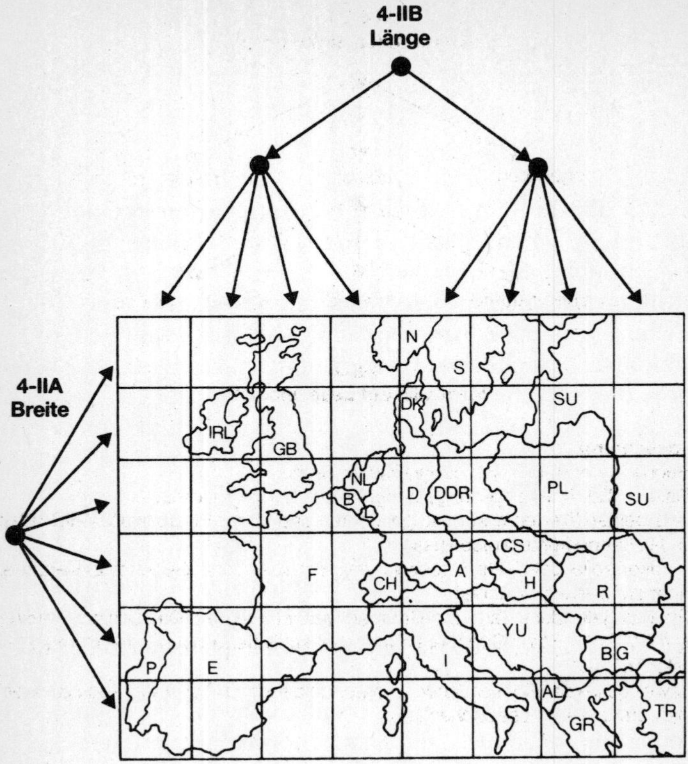

Länder-Kennzeichen

A	Österreich	I	Italien
AL	Albanien	IRL	Irland
B	Belgien	L	Luxemburg
BG	Bulgarien	N	Norwegen
CH	Schweiz	NL	Niederlande
CS	Tschechoslowakei	P	Portugal
D+DDR	Deutschland	PL	Polen
DK	Dänemark	R	Rumänien
E	Spanien	S	Schweden
F	Frankreich	SF	Finnland
GB	Großbritannien	SU	Sowjetunion
GR	Griechenland	TR	Türkei
H	Ungarn	YU	Jugoslawien

4-IIC
Inkarnative Situation

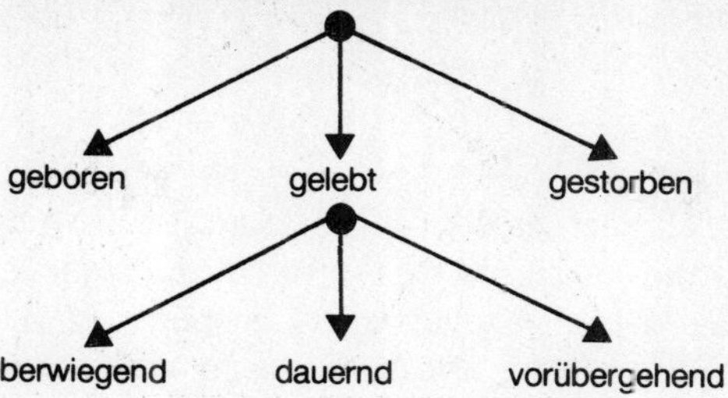

4-IID
Kontrolle auf Lesezeichen

Frageschema

- Suche in Taf. 4-IIA nach geografischer Breite.
- Dann in Taf. 4-IIB zugehörige geografische Länge ermitteln.
- Aus beiden Werten dann das gesuchte Land in der Europakarte 4-IIB orten und das Länderkürzel aufschlüsseln.
- Endkontrolle über 4-IID(Lesezeichen): Bei »Ja« muß Gegenprobe anderer Länder stets »Nein« ergeben.
- Für das gefundene Land arbeitet man weiter nach dem Deutschland-Muster Taf. 4-IVA/B (= Stadt-Suchbereich) und anschließend nach Inkarnationsort-Muster Taf. 4-V.
- Jeweilige Inkarnationssituation ist erpendelbar durch Taf. 4-IIC; auch zu überprüfen durch 4-IID(Lesezeichen).

Mittelmeerkreis (20. Jh.)

Land-Suchbereiche

Jeder Mensch verfügt über ein pränatales Bewußtsein, d. h., er hat Informationen über Erlebnisse, die seine Zellen schon vor der Geburt – nonverbal – gespeichert haben. Diese Informationen lagern abrufbar durch Erinnerung in Hypnose, Dianetik und anderer Rückführtechniken im Unterbewußtsein, als emotionale Bilder. Diese Bilder werden nun im Verlauf des Lebens reaktiviert, sie werden mit zunehmender Verstandes- und Sprachentwicklung in Worte gekleidet, artikuliert, was zu der Annahme verleiten mag, gewisse Neigungen und Abneigungen rational erklären zu können. In Wirklichkeit haben die Worte das Geschehene nur mit Begriffen überdeckt, die darunter verborgene Ur-Kausalität hat dabei an Präzision und an Vollständigkeit verloren; man denke vergleichsweise nur an den Versuch, beim Erwachen einen Traum laut erzählen zu wollen.

Erinnerung spielt sich also nicht auf dem Plateau der Sprache ab. Sie ist vielmehr eine Welt der Bilder, die jedem, der sich dieser Bewußtseinsebene nähern möchte, ein tieferes Besinnen – und eine gewisse Stille – Sprach-Losigkeit – abverlangt.

Rudolf Steiner beschreibt in seiner „Akasha-Chronik" unsere atlantischen Vorfahren als Menschen, die des logischen Verstandes und der mathematischen Kombinationsgabe gänzlich entbehrten und auch entbehren konnten, weil sie in der Lage waren, ihr Verhalten und ihre Entscheidungen durch bloße Erinnerung an gleiche oder ähnliche Geschehnisse richtig zu bestimmen. Eine Sprache hatte und brauchte man seinerzeit nicht, sie wäre eher hinderlich gewesen.

Und heute?

Um unser Gedächtnis zu einer ursprünglichen und unverfälschten Erinnerung zu veranlassen, und um weit hinter die pränatale Phase zurückschauen zu können, müssen wir wieder werden wie die Menschen, die vor vielleicht 80000 Jahren im heutigen Tunesien, Libyen, Marokko, und wo sonst die Paläontologen und Archäologen die Atlanter ansiedeln, lebten.

Ein kleiner Reiz, ausgelöst durch einen Laut, einen Geruch, ein visuelles oder emotionales Bild, kann eine ganze Kette von Erinnerungen in uns auslösen und unsere individuelle Chronik offenbaren. Denn nur selten sind Inkarnationen von solch eklatanter Prägung, daß eine zusammenhängende Erinnerung möglich ist. Wir brauchen also einen – scheinbar von außen kommenden – Anstoß, der uns beim Besuch „unbekannter" Länder bestimmte Orte wiedererkennen, uns Vertrautheit mit der „fremden" Sprache empfinden oder uns überhaupt eine Sprache überdurchschnittlich schnell und leicht lernen läßt: weil wir in diesem Land schon einmal gelebt, gelitten, geliebt haben?

Für einen präexistenz-interessierten Geistigen Pendler lohnt es sich, auch den Mittelmeerkreis in seinen Suchbereich einzubeziehen. Sofern dazu bereits in 4-I + 4-II erste Pendelhinweise einladen, müßte 4-III weitere schlüssige Spuren aufdecken.

Beobachtungsgemäß darf man bei vielen derzeit „Lebensauftrag-Engagierten" ein ihnen schon aus Vorleben überliefertes höheres integrales Bewußtsein voraussetzen. Dasselbe funktioniert dann als sozusagen Informativkontakt am Glied einer genetischen Kraftkette, welche oft direkt von antiker Präexistenz strahlt. Von dort erhält sie ihre Ursprungsimpulse, die das heutige Leben kraftvoll initiieren.

Haben wir mit den Atlantern vielleicht mehr gemein, als nur das perfekte System, Gedächtnisinhalte ohne Bemühen von Worten wiederzufinden?

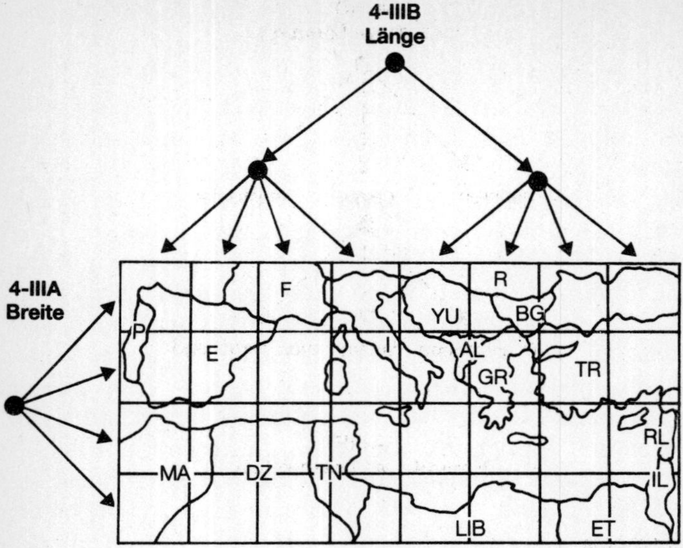

Länder-Kennzeichen

AL	Albanien	LIB	Libyen
BG	Bulgarien	MA	Marokko
DZ	Algerien	P	Portugal
E	Spanien	R	Rumänien
ET	Ägypten	RL	Libanon
F	Frankreich	TN	Tunesien
GR	Griechenland	TR	Türkei
I	Italien	YU	Jugoslawien
IL	Israel		

4-IIIC
Bei Landwahl GEO-Richtung

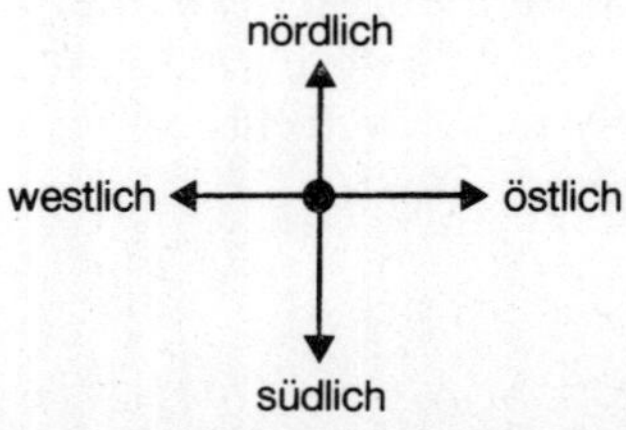

4-IIID
Inkarnative Situation

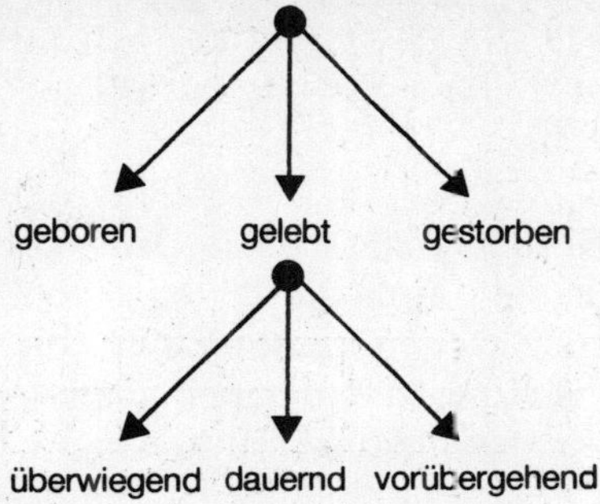

4-IIIE
Kontrolle auf Lesezeichen

Frageschema

- In Taf. 4-IIIA beginnende Suche des zu erfragenden Landbereichs nach geografischer Breite.
- Darauf in Taf. 4-IIIB Suche nach der geografischen Länge.
- Festgestellte Breite u. Länge ergeben das gesuchte Land in der Mittelmeerkreiskarte; das Landeskennzeichen schlüsselt nebenstehende Tabelle auf.
- Sofern im erpendelten Quadrat mehrere Länder zusammenfallen, erfragt man weiter in Taf. 4-IIIC die richtige Landwahl in GEO-Richtung.
- Endkontrolle erfolgt über 4-IIIE(Lesezeichen): Dortige »Ja«-Bestätigung muß bei anderen Ländern als Gegenprobe »Nein« ergeben.
- Im gefundenen Land findet man weitere Details nach dem Deutschland-Beispiel in Taf. 4-IVA/IVB (= Stadt-Suchbereich) und dem Inkarnationsort-Beispiel nach Taf. 4-V.
- Auch hier läßt sich die Inkarnationssituation erschließen durch Taf. 4-IIID, überprüfbar mit 4-IIIE(Lesezeichen).

Deutschland (Mitte 20. Jh.)

Stadt-Suchbereiche)*

Wenn wir durch die Altstadt eines Ortes kommen, können wir wie ein Wanderer durch die Zeiten gehen. Wir lassen uns umfangen von den weisen Geistinhalten, die wir mit einem alten Gebäude assoziieren und halten in unserem Schritt inne – oder aber, wir beschleunigen ihn, wenn eine kleine, verwinkelte Gasse uns ein Gefühl der Beklemmung oder Furcht vermittelt.

Doch jede Stadt erzählt eine andere Geschichte aus einer anderen Zeit und von anderen Menschen. Das bestimmte Bewußtsein, irgendwo in ihr „wie“ zuhause zu sein oder aber in ihr partout nicht leben zu können, ist die Übersetzung dieser Geschichte, die wir vielleicht einst mitgeschrieben haben – auf einem Kreuzzug, bei einem Bürgerkrieg, als Stadtverteidiger, als Gefangener ... (Kapitel 7).

Jede karmisch bedingte Berührung mit einem Ort findet ihren Interpretationsschlüssel in der Kabbalistik (Kapitel 8-A, 8-B), und dies um so signifikanter für uns und karmisch orientierungsstärker, wenn wir in ihr geboren sind, lange gelebt haben oder gestorben sind.

*) Es empfiehlt sich, für den individuellen geografischen Lebensbereich mit Atlanten zu arbeiten, die ja ebenfalls meist eine Einteilung in numerische Blöcke aufweisen.

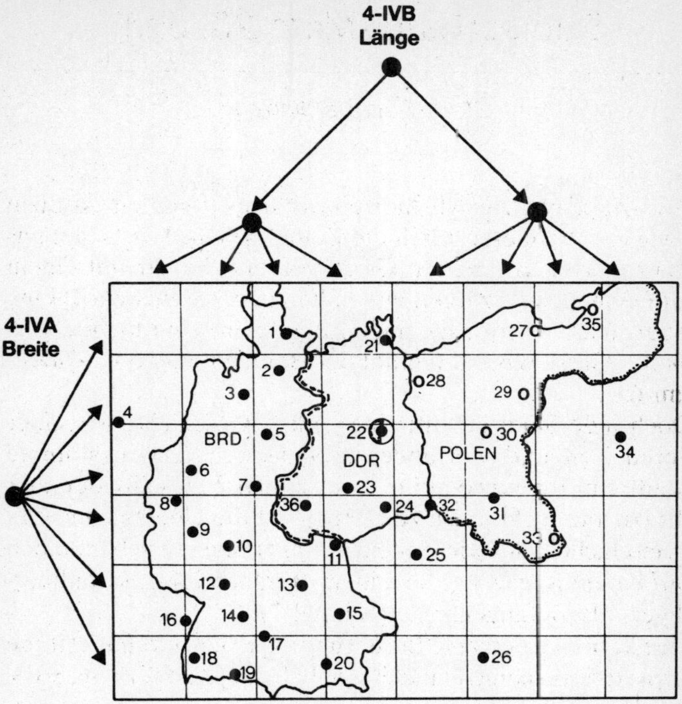

== = Grenze zwischen BRD u. DDR
⩦ = dt. Grenze bis 1918
o = dt. Städtename bis 1945

1 Kiel
2 Hamburg
3 Bremen
4 Amsterdam
5 Hannover
6 Dortmund
7 Kassel
8 Köln
9 Koblenz
10 Frankfurt
11 Hof
12 Heidelberg
13 Nürnberg
14 Stuttgart
15 Regensburg
16 Straßburg
17 Ulm
18 Freiburg
19 Konstanz
20 München
21 Rostock
22 Berlin
23 Leipzig
24 Dresden
25 Prag
26 Wien
27 Danzig
28 Stettin
29 Bromberg
30 Posen
31 Breslau
32 Zittau
33 Beuthen
34 Warschau
35 Königsberg
36 Erfurt

4-IVC
Bei Stadtwahl GEO-Richtung

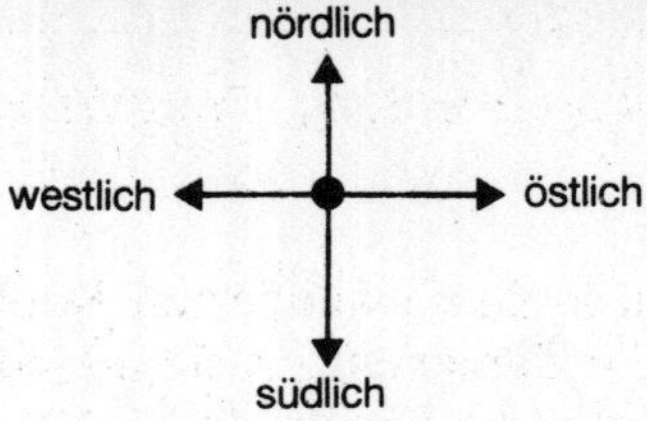

4-IVD
Inkarnative Situation

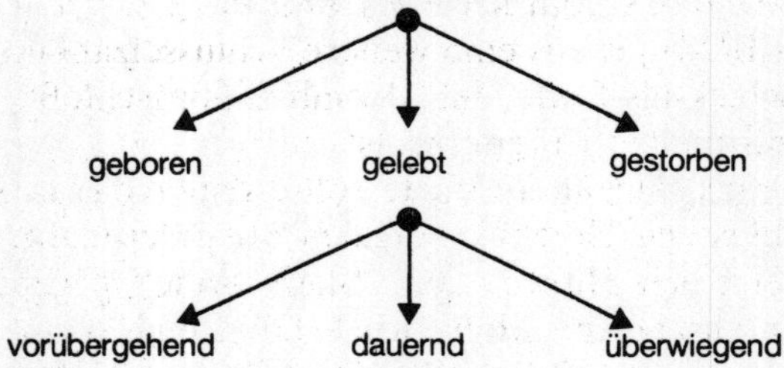

4-IVE
Kontrolle auf Lesezeichen

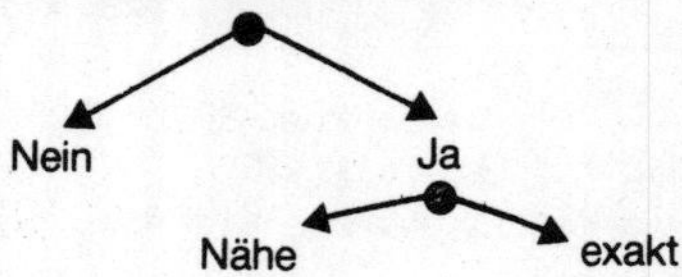

Frageschema

- Zuerst Auspendelung des in Betracht kommenden Stadt-Suchbereichs nach geografischer Breite in 4-IVA.
- Anschließend Ermittlung der zugehörigen geografischen Länge in 4-IVB.
- Bei mehreren im Quadrat vorliegenden Städten wird nach 4-IVC die richtige Stadtwahl in geografischer Richtung ausgependelt.
- Endkontrolle nochmals über 4-IVE(Lesezeichen): Bei »Ja« muß Gegenprobe anderer Städte »Nein« ergeben.
- Die genaue Bestimmung des gesuchten Ortes erpendelt man dann nach dem Muster von 4-VA+B.
- Jeweilige Inkarnationssituation erschließt sich durch 4-IVD und ist überprüfbar durch 4-IVE(Lesezeichen).

Inkarnationsort

Entfernung, Richtung, Ortspräzisierung

In der zahlenphilosophisch fundierten Kabbalistik (Kapitel 8-A, 8-B) spielt die Zahlenentsprechung jedes Namens eine karmisch hochrangige Schlüsselrolle.

Dazu können die Autoren nun belegen – ein Novum für Kabbalistiker – daß auch der Geburtsort des Menschen (ebenso wie das Geburts-Tattwa und die Geburts-Uhrzeit/ Kapitel 5-IB/2d) jeweils eine weitere Schlüsselzahl im individuellen Schicksals-Code, im „Kombinationsschloß" an der Tür zur spirituellen Erkenntnis ist.

Jeder Präexistenzinteressierte sollte daher das in Kapitel 4-IV erschlossene Ergebnis sorgsam ortspräzisieren, sobald das Pendel einen Hinweis auf „Stadt-/Nähe" gegeben hat. Die kleine zusätzliche Mühe wird durch eine dann ebenso präzise Inkarnations-Bilanz (Kapitel 9) reich gelohnt.

4-VA
Geografische Entfernung
Ortspräzisierung

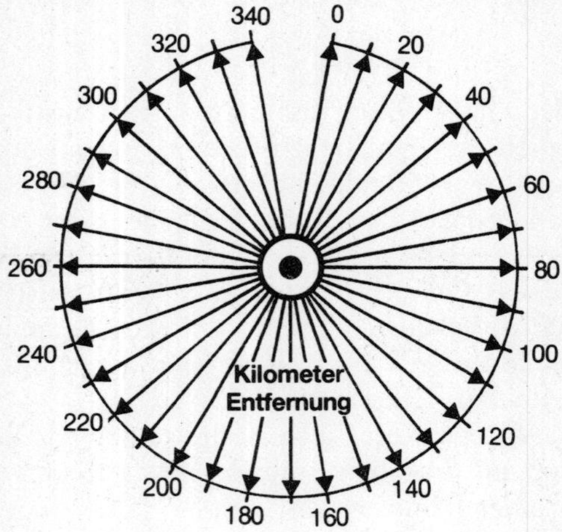

Weitersuche

Beispiel
Km-Entferung
Beispiel v. Taf. 4-VB
... ab Frankfurt
Taf. 4-VA = 30 km

Beispiel
Ortsrichtung
Taf. 4-VB = W(esten)
Taf. 4-VC = Wiesbaden
Taf. 4-VD = Kontrolle

4-VB
Kompaßrichtung

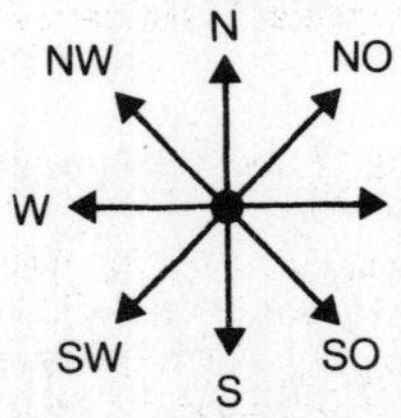

Beispiel
30 km im Westen v. Frankfurt

4-VC
Ortsfestlegung

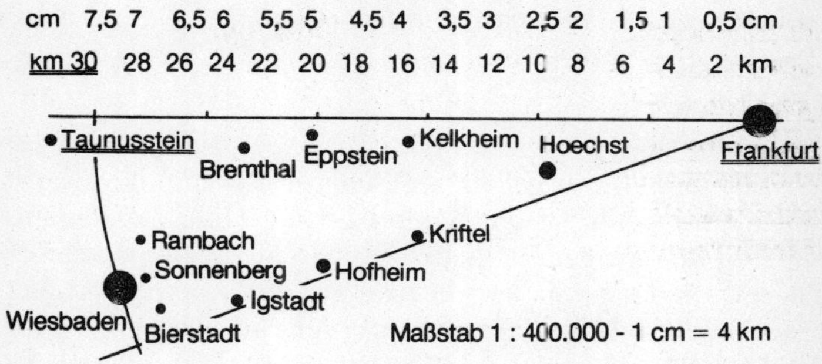

Das Beispiel zeigt: 30 km westlich von Frankfurt erpendeln wir den Ort Taunusstein.*)

4-VD
Kontrolle auf Lesezeichen

Frageschema

- Exakte Inkarnationsort-Bestimmung (zur Weitersuche nach Taf. 4-IVB) hier (als Beispiel) in Taf 4-VA in Kilometer, dann (Beispiel)Kompaßrichtung in Taf. 4-VB, u. (Beispiel) Ortsfestlegung in Taf. 4-VC.
- Endkontrolle mit 4-VD(Lesezeichen).

*) Es empfiehlt sich, für die individuelle geographische Situation präzise Städte-Atlanten, Stadtkarten o.ä. zu benutzen.

Kapitel 5

Lebensumstände

Inkarnative Individualität

Sie wissen nun, wie viele Male Ihnen ein Erdenleben zur Fortvollendung Ihrer geistig-seelischen Entwicklung gewährt wurde. Und wenn Sie die Kapitel 2-4 mit Hilfe des Pendels sorgfältig für sich genutzt haben, wissen Sie auch, in welcher Zeit und wie lange Sie an welchem geografischen Punkt dieser Erde gelebt haben. Spontan werden Sie sich einige Vorstellungen von Ihrer Präexistenz gemacht, sich vielleicht als Souverän eines Landes, als Ordensfrau in der Zeit der Christenverfolgung, als Medizinmann eines Indianerstammes, als hart arbeitender Schiffer auf den Weltmeeren oder als reicher Kaufmann in einer antiken Stadt gesehen oder vielleicht auch sympathisiert haben mit der vorinkarnativen Identität eines Gelehrten, Politikers, Künstlers oder Schriftstellers.

Und vielleicht war es Intuition, waren Sie schon auf dem richtigen Weg, ist eine erste, bescheiden-zarte Erinnerung in Ihnen wach geworden. Wenn Sie jetzt das Pendel fragen, erschließt sich Ihnen ein fundamentales Wissen um Ihre Präexistenz, ein Wissen, das um nichts geringer sein wird als das, welches Sie heute von Ihrer jetzigen Inkarnation haben. Das verblaßte Bild vergangenen Seins wird mit klaren Konturen, deutlichen Motiven und in den Originalfarben seines Entstehens nachgezeichnet.

Sie werden von Inkarnation zu Inkarnation mehr erkennen, wie die Motive entstanden und die Farben gemischt worden sind. Sie werden Parallelen und Analogien zu Ihrem jetzigen Leben erkennen und feststellen können, ob das Lebensmotiv Geschenk oder Aufgabe ist, Buße oder Prüfung. Sie werden vielleicht sogar selbst miterleben, daß der

König zum Bettler und der Bettler zum König werden kann, je nachdem, wie der „Maler“ den Strich setzt, wie Sie selbst diesen Strich gesetzt haben!

Und in der Schlußbetrachtung (Kapitel 9) wird es sich dann zeigen, daß es nicht die schillernden Farben sind, die das Lebens-Bild zur Kunst machen; es ist immer das Motiv.

Pendel-Wege:

5-I Inkarnative Individualität
5-II Sozialmilieu
5-III Inkarnations-Porträt
5-IV Inkarnations-Naturell
5-V Lebensauftrag

5-IA
Herkunft u. Familiäres

5-IA/1
Herkunft

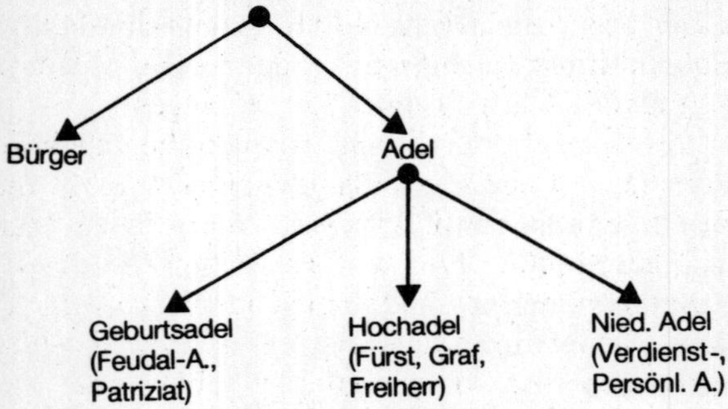

(Weiter mit eigener Hilfstafel)

5-IA/2
Familiäres

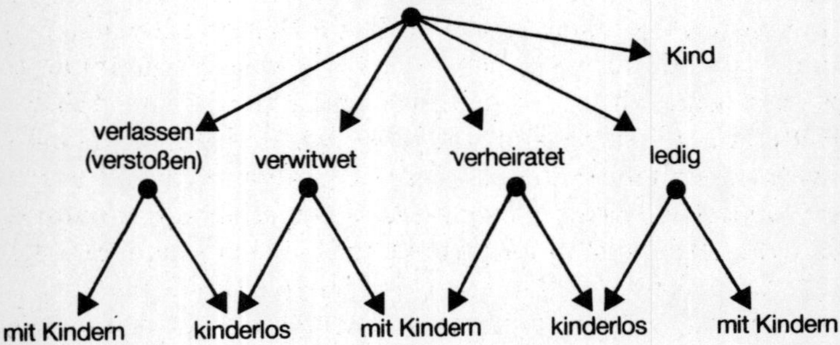

Weiter mit eigener Hilfstafel

5-IA/3
Kontrolle auf Lesezeichen

Frageschema

● Zuerst Geburtssituation auspendeln in Taf. 5-IA/1. Erforderlichenfalls sind Adel-Varianten und -Details weiter zu präzisieren über eigene Hilfstafeln.

● Dann den Familienstand erpendeln in Taf. 5-IA/2. Weitere Details erschließen auch hier eigene Hilfstafeln.

Name und Geburtsaspekt

Der Name eines Menschen ist nicht nur gesellschaftlich-personelle Bezeichnungsmöglichkeit, sondern er ist gleichsam eine transzendentale Chiffre seines Lebensweges.

In jedem Leben wird er einer anderen Familie angehören, in jedem Leben einen anderen Familiennamen tragen, einen anderen Weg zu gehen, ein anderes Ziel zu erreichen haben. Ändert der Mensch durch Heirat oder bloßen Akt der Entscheidung seinen Namen, so ändert sich auch sein Weg. Der Mensch ist in seiner Entscheidung frei – und bestimmt dadurch den Weg, den er zu seinem Ziel gehen wird.

Dazu betrachte man als Beispiel nur einmal den europahistorisch wichtigen Weg des „Napoleone Buonaparte" (kabbalistisch = 21/Erfolg), der sich umbenannte in „Napoleon Bonaparte" (kabbalistisch = 20/Erwachen ...). Mit diesem Namenswechsel änderte sich auch die Namen-Schwingungszahl – und das dramatische Geschick war vorprogrammiert; es war seine eigene, freie Entscheidung, die dazu führte. Hätte er sich beispielshalber „Napoleon Bonapart" (kabbalistisch = 19/Glück) genannt, wäre sicher ihm wie auch Europa viel „böses Erwachen" erspart geblieben. Wir sehen daraus, daß die sogenannten „Kleinigkeiten" – bei Napoleon das „e", kabbalistisch = 5/Religion und inneres Bedürfnis – wegverändernd, wegbestimmend wirken können. Genauso, wie die winzigen Feinheitsunterschiede in einem Schlüsselbart bei ihrer Veränderung eine andere Tür öffnen mögen, niemals mehr aber das Schloß zur einst „passenden" Tür.

So steht auch unser Name denn schon lange vor der betreffenden Reinkarnation fest (vgl. Kapitel 10-D1), und das für uns damit verbundene Lebensgefüge ist Folge unseres Karma, ist der Schlüssel für unsere neuen Gaben und Aufgaben. Nicht etwa unsere Eltern suchen den „passenden" Namen aus, sondern es werden nach göttlicher Weisheit diejenigen Eltern ausgewählt, die den uns karmisch vorbestimmten Lebensweg gewährleisten – auch durch die Namensbenennung selbstverständlich.

Der Schlüssel zur Chiffre unseres Namens ist in der Kabbalistik, in der Philosophie spirituell begründeter Zahlen, zu finden. Erschließen wir uns das Wissen der Kabbalistik, so sehen wir uns „namentlich" weise hineingestellt in unsere persönlichen Jahreszeiten; aufgefordert, im steten Wechsel von Sonne, Regen und Sturm geistig zu reifen, den Versuchungen zu widerstehen – und uns das Paradies aufs Neue zu verdienen.

Und auch Tag, Ort und Stunde unserer Reinkarnation wurden „geboren" aus der karmischen Determiniertheit für Lebensprüfungen und Lebensziel. Der „Zufall" ist das, was uns zu-fällt, ist damit immer Information auf unserem Weg: wir müssen sie nur als solche erkennen und verstehen lernen.

Der Weg zu persönlicher Erkenntnis, zu allen Aspekten unseres Seins vom Gestern zum Morgen kann von Ihnen nun mit dem Pendel beschritten und verstehend erfahren werden.

5-IB/1a
Inkarnations-Name
(einschl. Pseudonyme)

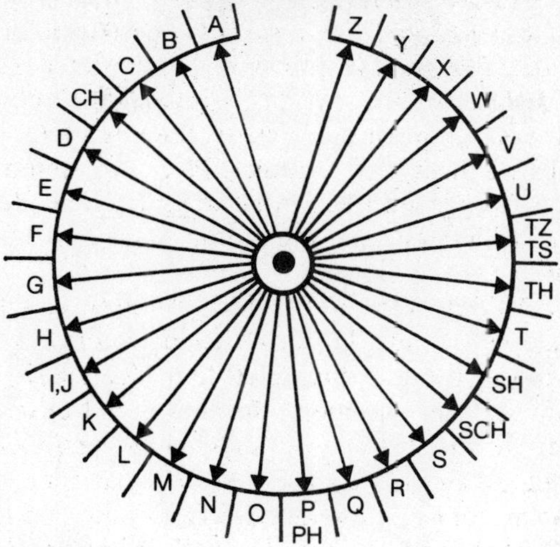

5-IB/1b

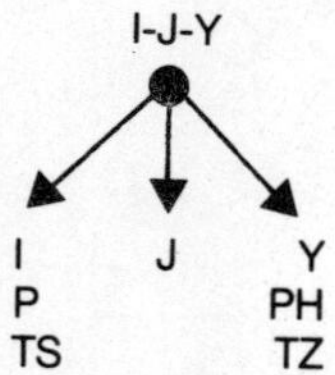

5-IB/1c
Kontrolle auf Lesezeichen

Frageschema

- Taf. 5-IB/1a erschließt Inkarnations-Namen (einschl. Pseudonyme), auch für Drittpersonen.
- Alternative Inkarnationsnamen können z.B. sein: Vornamen, Familien-Name, Firmen-Name, auch Marken-Name, Buchtitel usw., denn alle diese Namen sind auszupendeln nach gleichem Schema und als solche auch interpretierbar nach Taf. 8-A3a.
- Man erfragt in 5-IB/1a durch Nacheinanderauspendeln der Buchstabenreihenfolge im Außenkreis:
- Vorname (= Rufname) und
- Familienname (Geburtsname bei Ehefrauen).
- Weiteres zur Buchstaben/Zahlen-Analogie in Kap. 8-A2/Karma.

5-IB2
Inkarnativer Geburtsaspekt
5-IB2a
Geburtsaspekt

ist der karmaverschlüsselte Komplex aus Geburts-Ort + Geburts-Datum + Geburts-Tageszeit. (Weiteres vgl. Kap. 8-B2)

5-IB2b
Inkarnations-Ort

Weiter Taf. 4 GEO-V

5-IB2c
Inkarnations-Datum

Für inkarnative Daten gilt hier:
MEZ = Mitteleuropäische Zeit für Mitteleuropa.
WZ = Weltzeit für alle anderen Gebiete.
Umrechnung: 0 Uhr WZ = 1 Uhr MEZ.
Bei Sommerzeit (Mai-Sept.) 1h abziehen!
Weiter Taf. 2-B/C. Dort auch für Inkarnationszeit Jahr, Monat, Tag.

5-IB2d
Inkarnative Tageszeit

Auspendeln nur von innen (h = Stunde) nach außen (' = Minuten)

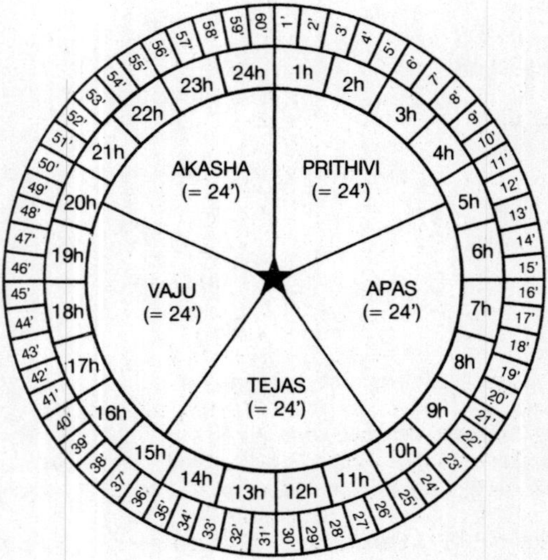

5-IB2e
Kontrolle auf Lesezeichen

5-IB/2f Tattwas

Tattwas sind kosmische Schwingungsrhythmen (siehe Fachwortverzeichnis), die während der 24 Stunden eines jeden Tages nacheinander in spezifischer Weise auf alle vitalen Lebensvorgänge einwirken. Der Tattwa-Kreislauf beginnt stets bei Sonnenaufgang (vgl. Tafel V2-D, Pendel-Uhr); bei der Feststellung des ‚zur Zeit' schwingenden Tattwas ist ggf. bitte die Sommerzeit zu berücksichtigen.

Tendenz-Kurzerklärung nach Mlaker, Peregregius, Winckelmann

(+) fördert	(–) hemmt, gefährdet

AKASHA
Äther-Tattwa
Astrologisch ähnlich Saturn

(+)	(–)
Kontemplation, Energieaufladung (Nichts unternehmen)	Beginn wichtiger Vorhaben, Veränderungen, Reisen, etc.

VAYU
Luft-Tattwa
Astrologisch ähnlich Merkur

(+)	(–)
Spontane Vorhaben Entscheidungen, Urteilskraft	Langfristig angelegte Vorhaben, (dort nur Erfolg bei ernster, Entbehrung fordernder Arbeit)

TEJAS
Feuer-Tattwa
Astrologisch ähnlich Mars

(+)	(–)
Willenskraft, Durchsetzungsvermögen, Energie, aber auch Aggression und Gewalt	Beginn jedweder Bindungen, Verträge etc. Tendenz zu Unüberlegtheit, Differenzen, Unglücksfällen

APAS
Wasser-Tattwa
Astrologisch ähnlich Venus

(+)	(–)
Lebensbejahung, Kunst, Liebe Freundschaft, Vergnügen, Berufs- oder Stellenwechsel, Vertragsabschluß etc.	Tendenz zu Übertreibungen, Extremen

PRITHIVI
Erd-Tattwa
Astrologisch ähnlich Jupiter

(+)
Erfolgsfördernd bei allen unter dieser Tattwa-Schwingung begonnenen Angelegenheiten (Heirat, Unternehmensgründung, Umzug, Reisebeginn, Finanzielle Entscheidungen, Therapiebeginn etc.

Frageschema

- Inkarnations-Ort in Taf. 4-V.
- Inkarnations-Datum in Taf. 2-BC.
- Inkarnative Tageszeit entschlüsselt hier Taf. 5-IB/2d.

Man erfragt dort nacheinander (!) mit Blick zum Tafelkopf nach Süden gerichtet. Auspendeln:

  - kreisinnen = die Stunde und
  - kreisaußen = die Minute.

- Alternativ gilt diese Zeitaussage über Festlegung des Geburtsaspektes hinaus sinnentsprechend für alle Beginn-/Ende-Ereignisse.
- Tattwa-Deutung des zur erpendelten Tageszeit vorherrschenden kosmischen Schwingungsrhythmus geschieht nach Tafel 5-IB/2f.

Sozialmilieu

Berufsstand und Besitzstand

Haben Sie je darüber nachgedacht, was es mit dem Gesetz der Polarität auf sich hat?

Das einzige, wirklich einzige, das Ihnen in jedem Leben je gehört hat und gehören wird, ist Ihr freier Wille. Mit diesem Willen nun treffen Sie Entscheidungen, und als in der Materie verhafteter Geist könnten Sie keine einzige Entscheidung treffen, wenn es nicht zu allem, was für Sie über einen oder mehrere Ihrer 5 Sinne wahrnehmbar ist, einen Gegenpol gäbe. Sie würden das Licht ohne das Dunkel nicht kennen, das Gute nicht ohne das Böse, den Wohlstand nicht ohne die gleichzeitige Existenz von Armut. Sie hätten darüber hinaus auch keine persönlich-individuellen Orientierungsmerkmale und wären in jeder Beziehung aktions-unfähig. Sie könnten keine Erfahrungen sammeln, weil es Ihnen am Erkennen mangelte. Sie könnten sich nicht entwickeln, denn Sie wüßten nicht, zu was, hätten kein Bewußtsein dafür, ob es gut oder schlecht für Sie wäre.

In den vergangenen Leben haben Sie aber Entscheidungen getroffen, Ihren Willen in Materie umgesetzt, Ursachen für spätere Wirkungen geschaffen. Und mit diesen Wirkungen stehen Sie noch heute in Verbindung, denn Auslöser war Ihr Wille, und Ihr Wille gehört Ihnen, und Sie können ihn allenfalls ändern, niemals aber verlieren, entwendet bekommen oder selbst auf ihn verzichten.

Ihr Wille ist eine unauslöschliche Kraft. Und jede Inkarnation, alles Sein, ist Symbol für den geistigen Entwicklungsstand des Menschen, Zensur für die Nutzung dieser Kraft im vergangenen Leben. Kant war es, der den Begriff des intellectus archetypus prägte, des urbildlichen göttlichen Verstandes. Sie können jetzt darauf zurückgreifen.

Wo des Menschen Gaben liegen, da liegen auch seine Aufgaben. Wer seine eigenen Stärken ausgebildet und seine eigenen Schwächen überwunden hat, der hat seine Aufgabe erfüllt. Wer die Stärken anderer blockiert und die Schwächen anderer ausgenutzt hat, der wird zu lernen haben, sein Folgeleben wird Sorgen und Probleme als Begleiter haben.

Prüfen Sie sorgsam, welche Position und welchen Besitz Sie in den vergangenen Leben hatten – und was kraft Ihres Willens daraus geworden ist … bis zum Heute.

5-IIA/C
Milieuschlüssel/Berufssituation

5-IIA
Milieuschlüssel

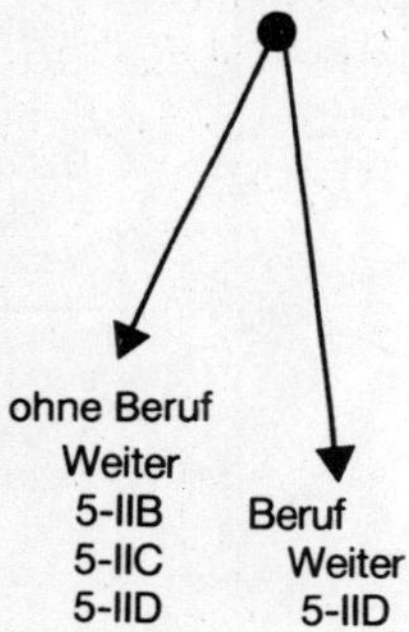

5-IIB
ohne Beruf weil...

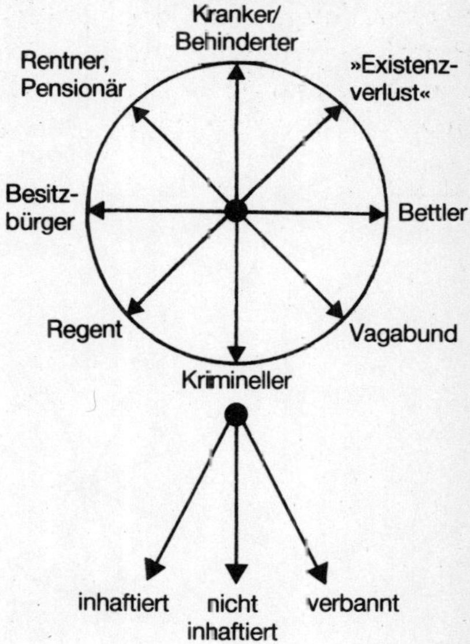

5-IIC
ohne Beruf durch...

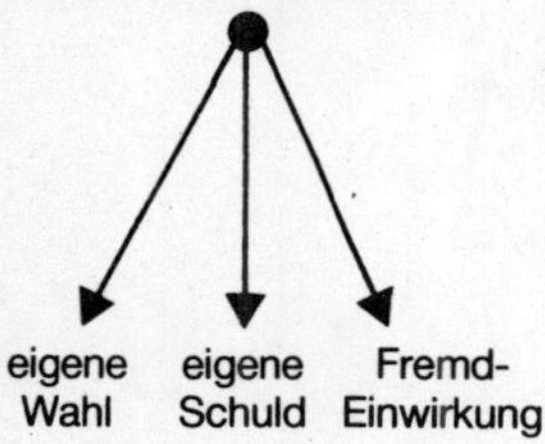

5-IIA/C
Kontrolle auf Lesezeichen

Frageschema

- Sozialmilieu erpendeln in Taf. 5-IIA.
- Details über Berufslosigkeit bzw. Berufsstand erschließt die beim Ergebnis in Taf. 5-IIA angegebene Reihenfolge.

5-IID/1
Berufsstand

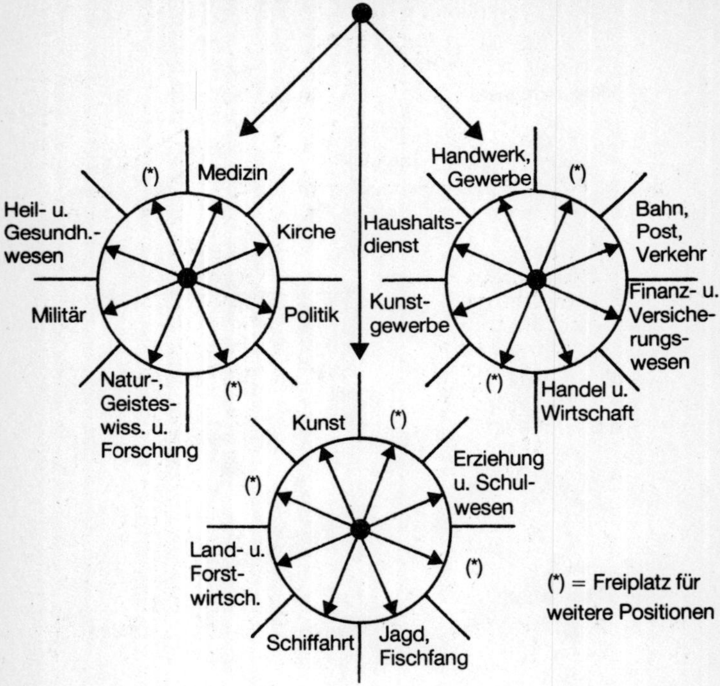

5-IID/2
Position

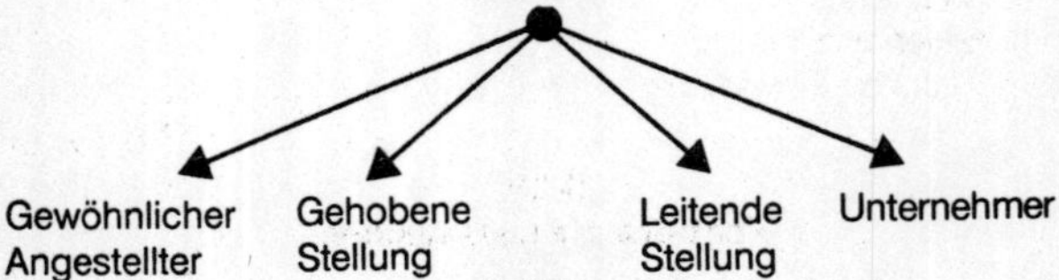

5-IID/3
Kontrolle auf Lesezeichen

Frageschema

- Berufsstand auspendeln in Taf. 5-IID/1
- Dazugehörige Berufsposition erfragen in Taf. 5-IID/2.

5-IIE
Besitzstand

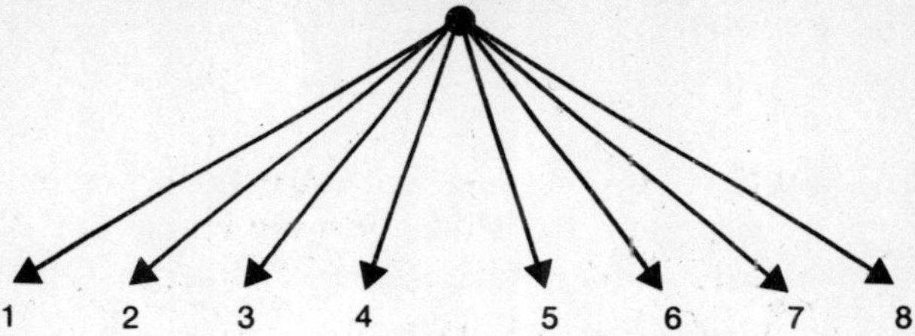

1 reich
2 vermögend/ wohlhabend
3 gut situiert
4 »normal situiert«

5 notleidend
6 verarmt
7 spärlich/ dürftig
8 arm, besitz-/ mittellos

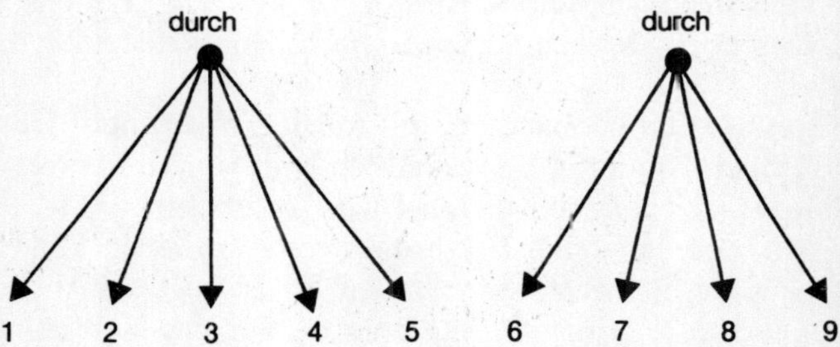

1 Freunde/Gönner
2 Heirat/Einheirat
3 eigene Tüchtigkeit
4 Gewinne
5 Herkunft

6 Verschulden Dritter
7 eigenes Verschulden
8 Verluste
9 Herkunft

5-IIF
Kontrolle auf Lesezeichen

Frageschema

- Besitzstand auspendeln in Taf. 5-IIE.
- Ursachen abklären.

Inkarnations-Porträt

Mit den Worten: „Früher, als ich groß war“, beginnt die Geschichte eines 5jährigen Mädchens, das einem der Autoren kürzlich sein vorinkarnatives Leben schilderte. Kein Einzelfall. Und auch kein Phänomen.

Bereits vor der Zeugung weiß der sich inkarnierende Geist um sein künftiges Leben ebenso wie um das vergangene. Durch Informationserfahrungen des neuen Lebens dann wird dieses Wissen überlagert und verliert sich schließlich in dem Maße, in dem die Gewöhnung an die Materie zunimmt. So erklärt es sich auch, daß Kinder bis zum ca. 6./7. Lebensjahr durchaus noch Resterinnerungen an Ihre Präexistenz haben können.

Wenn wir nun beobachten, mit welch erfrischender Unbestechlichkeit Kinder ihre Sympathien und Antipathien verteilen, sozusagen auf den ersten Blick, so erkennen wir, daß hier oft noch gar keine Erfahrungswerte vorliegen können. Nicht aus diesem, dem neuen Leben. Meist liegt die Antwort in der Präexistenz begründet: Ebenso, wie das menschliche Gedächtnis Menschen, Situationen und Dinge nach Ähnlichkeitsmerkmalen kategorisiert und uns auf diese Weise ein Er-Kennen, ein Er-Innern ermöglicht, so reagiert unser Geist, der Träger aller Informationen unserer bisher gelebten Leben ist, auf Ähnlichkeitsmerkmale vorinkarnativen Datums.

Das Kind hat keine Menschenkenntnis im psychologischen Sinne, es unterscheidet nach äußeren Kriterien: liebäugelt mit der kleinen, dicken, nicht einmal schönen schwarzhaarigen Frau, die offenbar „Tante“ heißt – und sucht den Schutz der Mutter, wenn der große blonde Mann mit den wäßrigblauen Augen morgens die Post bringt. Der Erwachsene aber, der nun längst nicht mehr alle Freundinnen der Mutter, geschweige denn den Briefträger physiognomisch in Erinnerung hat, handelt dennoch nach diesen „Bildern“ – vielmehr nach dem, was sein Geist damit in Verbindung bringt: Sympathie oder Aversion aus einem früheren Leben. Vielleicht sogar die eigene Person, das eigene damalige Äußere betreffend …

Es ist deshalb wichtig, daß wir uns von uns selbst wie auch von Menschen unserer engeren Umgebung „ein Bild machen“ können.

Sollten Sie eine Person auspendeln, deren erste Begegnung in dieser Inkarnation noch bevorsteht, dann prüfen Sie, wie die Kinder prüfen: „Früher, als ich jemanden ähnlichen Aussehens kannte …“. Denn Ihre Menschenkenntnis ist so alt wie Sie, so alt wie Ihre Seele.

Wenn Sie nun Ihr Pendel fragen, und es Ihnen ein Inkarnations-Porträt zeichnet, so achten Sie auf Ihre Spontan-Emotion, denn sie ist Information!

5-IIIA
Äußeres

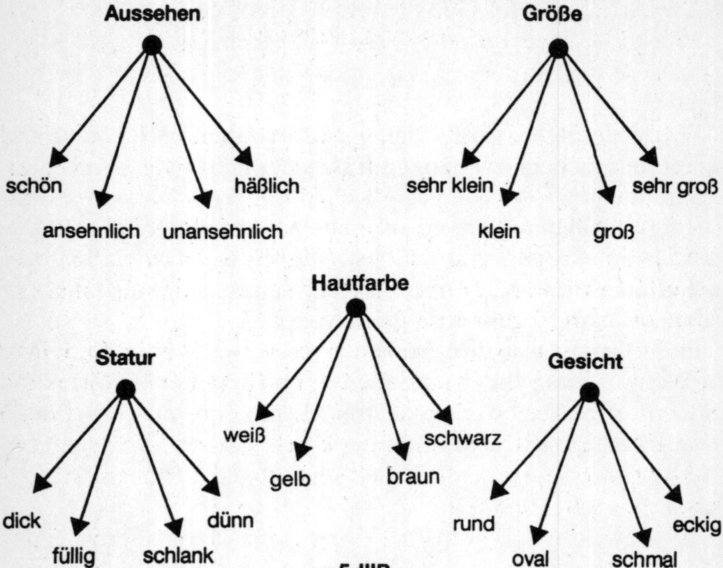

5-IIIB
Farben
(natürlich)

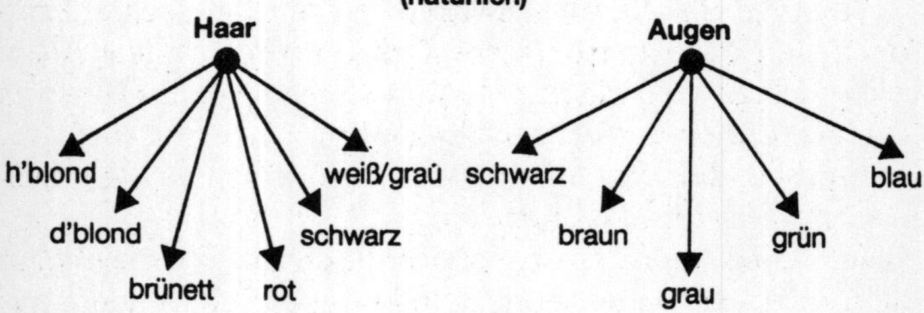

5-IIIC
Kontrolle auf Lesezeichen

Frageschema
- Wie ist das vorinkarnative Porträt nach 5-IIIA gestaltet?

Jeder dieser 5 Bereiche ist separat zu erfragen.
- Dann in Taf. 5-IIIB separat auspendeln.

Inkarnations-Naturell

„Umgangs-Naturell“

Die Dinge an sich sind immer neutral. Denn über ein- und dieselbe Sache kann der erste lachen, der zweite sich ereifern, dem dritten gar ist sie gleichgültig. Jeder Mensch produziert seine eigenen Emotionen aus der inneren Einstellung – und projiziert sie nach außen. Und erst die nach außen projizierte Einstellung erfreut, ärgert oder belästigt uns, niemals aber die Angelegenheit an sich.

Emotion ist also eine Folge dessen, wie wir über die Dinge denken. Und bekanntermaßen sind Gedanken Kräfte, die sich materialisieren. Denken wir positiv, so werden wir positive Energien auf uns lenken, nehmen wir aber eine Negativhaltung ein, so werden wir unweigerlich auch Ergebnisse adäquater Art bekommen.

Inwieweit wir nun zu der einen oder der anderen Emotionsrichtung hin tendieren, ist bestimmt durch Erfahrungen, die wir in diesem Leben machen. Sie unterliegen karmischem Gesetz, folglich: jeder von uns kann an der Skala seiner Emotionen und Primärverhaltensweisen ablesen, inwieweit und welche Dinge betreffend sein Karma schon überwunden ist oder noch überwunden werden muß. Denn er ist nicht nur der Mensch, der jetzt und heute lebt, sondern die Summe all dessen, was er bisher gelebt hat.

Das karmische Konto kann also durchaus abwechselnd im Soll und im Haben gewesen sein. Welches Soll es heute auszugleichen gilt, kann Ihnen das Pendel nun sagen.

5-IVA
Umgangs-Naturell
(Habitus)

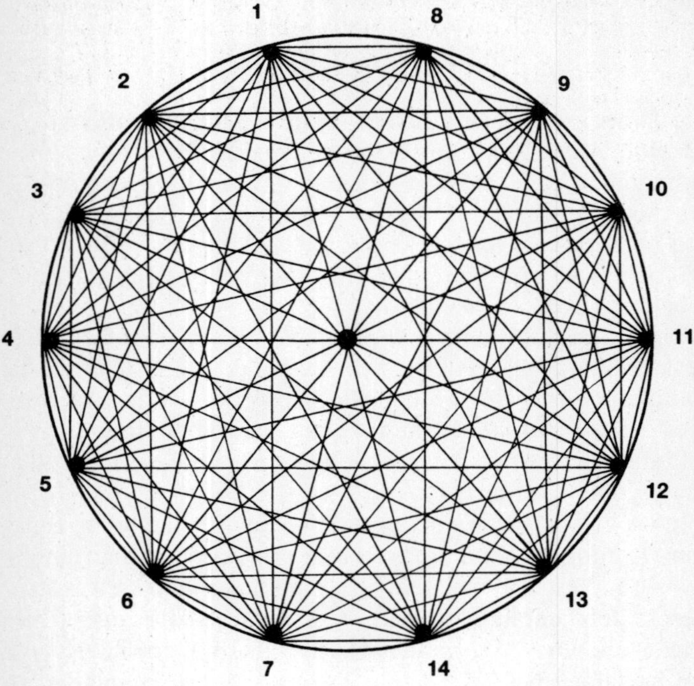

(+)

1 = ehrlich
2 = liebenswürdig
3 = großzügig
4 = entgegenkommend
5 = höflich
6 = sachlich
7 = reserviert

(−)

8 = unehrlich
9 = arrogant
10 = kleinlich
11 = berechnend
12 = unhöflich
13 = unsachlich
14 = herausfordernd

5-IVB
Kontrolle auf Lesezeichen

Frageschema

- Dient zur Aufschlüsselung des individuellen Umgangs-Naturells, das meist als Mischtyp verschiedener positiver (+) und negativer (−) Wertungen in Erscheinung tritt. Die erpendelbare Aussage ist zeitlos vom »Einst« bis zum »Heute«.
- Im Kreiszentrum von Taf. 5-IVA zunächst die beteiligten Positiven nacheinander zwischen 1...7 auspendelnd aufsuchen, Ergebnisse notieren.
- Dann im Kreiszentrum die beteiligten Negativen zwischen 8...14 feststellen, Ergebnisse notieren.
- Als Zwischenkontrolle müssen nun die bereits ermittelten Naturellzahlen vom Außenkreis aus den jeweils vorliegenden Mischtyp 1...14 bestätigen.

Lebensauftrag

Eine Parabel: Vor langer Zeit bat uns ein Freund, auf einer Reise etwas für ihn zu erledigen. Wir versprachen es und führten den Auftrag auch aus. Vor Antritt unserer nächsten Reise wurden wir abermals gebeten, etwas mitzubringen. Wieder sagten wir die Erledigung zu. Am Ziel angekommen aber hatten wir die Sache vergessen.

Erst zuhause bemerkten wir unser Versäumnis. Wir sahen, daß unser Freund von anderen, ebenfalls gerade Heimgekehrten, aufgesucht wurde, und daß fast jeder ihm etwas überreichte, das sich vor unseren Augen in ein Farbenmeer von unendlicher Reinheit und Harmonie verwandelte und einen Prachtgarten des Friedens wachsen ließ, mit jedem Teil ein bißchen größer und schöner. Ein Glücksgefühl in höchster Vollendung hätte uns durchfluten können; traurig wandten wir uns ab.

Und heute sind wir wieder auf der Reise …

Erinnert uns nicht die Blume auf dem Feld an etwas?

Woher kennen wir das Lied, das die Grashalme im Winde singen?

Was ist es, das uns der Baum durch das Rascheln seiner Zweige sagen will? –

Jedes Leben ist ein Lernen. Und Plato lehrt uns, daß „alles Lernen Wiedererinnerung, Wiederbewußtsein ist von etwas, das in unserem Geist schon vorhanden war“. Wenn wir erst wieder die Natur verstehen, dann verstehen wir die Natur aller Dinge, dann können wir Zwiesprache halten mit unserer eigenen, unserer inneren Natur, die uns sagt, wo wir die Blumen finden, die sich in ein Farbenmeer von unendlicher Reinheit und Harmonie verwandeln lassen.

Den Weg dorthin zeigt uns das Pendel.

Wir sollten nicht mit leeren Händen von unserer Reise zurückkommen. Denn diesmal können wir ja fragen.

5-VA
Lebensauftrag

Art

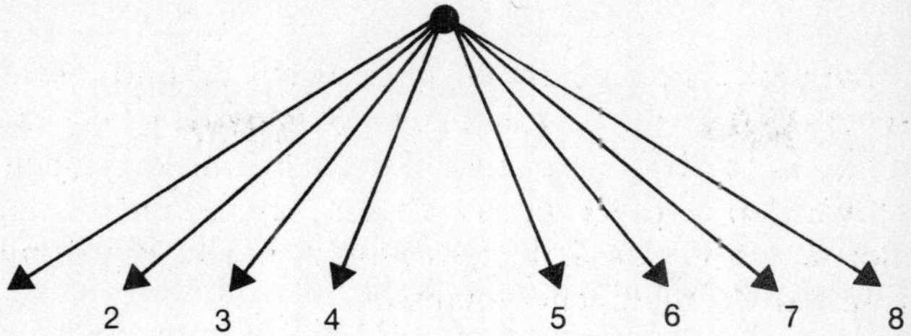

1 Höchste Berufung
2 Hohe Mission
3 Höhere Sendung
4 Sonderauftrag
5 Nebenaufgaben
6 . . . .
7 Wichtige Kontaktfunktion
8 Untergeordnete Bedeutung

Hinweis

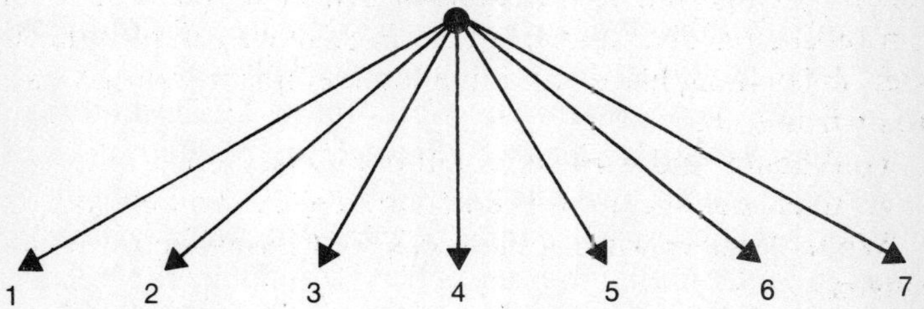

1 Heileraufgabe
2 Geistige Fortentwicklung
3 Dichterauftrag
4 . . . .
5 Künstleraufgabe
6 Seelische Impulse
7 Erfinderaufgabe

s. Reinkarnations-Bilanz
Taf. 10-C1 Nr. 2

5-VB
Kontrolle auf Lesezeichen

Frageschema

- In Taf. 5-VA getrennt auspendeln hinsichtlich
  - Lebensauftrag-Art
  - spezielle Hinweise zum Lebensauftrag.

Kapitel 6

Partner-Inkarnation

Suche nach karmischer Wiederbegegnung

Jeder Mensch, mit dem Sie im Laufe auch nur eines Tages zusammentreffen, kann eine – mehr oder minder wichtige – Aufgabe in Ihrem Leben haben und Sie in seinem.

Sie kaufen morgens am Kiosk eine Zeitung, weil Sie die Information benötigen, der Zeitungshändler aber braucht Sie als Kunden.

Die alte Dame, der Sie helfen, sicher auf die andere Straßenseite zu gelangen, hält Sie auf, doch wären Sie zwei Minuten eher in Ihren Wagen gestiegen, so wären Sie statt des anderen schuldlos in einen Unfall verwickelt worden.

Ihr Chef, von dessen Geld Sie Ihren Lebensunterhalt bestreiten, ist ungeduldig, weil Sie sich verspäteten, doch er bekundet dadurch, daß auch er Sie braucht.

Jedes Ereignis ist Notwendigkeit und Botschaft zugleich.

Keine Situation in unserem Leben ist zufällig, es sei denn, man interpretiert sie mit dem, „was einem zu-fällt". Jede Situation ist ein Glied in der kosmischen Energiekette, an der der Mensch als Ursache und Wirkung gleichermaßen agiert.

Wir alle spielen eine Rolle im Leben des anderen.

Mag sein, daß der Mann am Kiosk Ihnen persönlich unwichtig ist, für ihn sind Sie vielleicht jenes Vorbild, an dem er sich eines Tages orientieren wird. Mag sein, daß Sie die alte Dame am Abend vergessen haben, vielleicht aber haben Sie ihr in einem anderen Dasein einmal aus einer Gefahr geholfen. Das fein gesponnene Netz, das alle Punkte menschlicher Berührungen miteinander verknüpft, weist jedem das Ende des Fadens zu, den er aufnehmen und durch seinen weiteren Weg enger verflechten soll. Doch welche Wege der

Mensch auch geht, wie oft er sie auch wechseln mag, eines bleibt immer und für alle Menschen gleich: das Ziel. So kommt es, daß wir jenen eines Tages wiederbegegnen, mit denen wir schon früher ein Stück des Wegs gegangen sind, und nur unsere Seele weiß dann, ob wir an ihnen eine Schuld zu sühnen oder eine Aufgabe zu erfüllen haben oder ob wir bestimmt sind, das Licht der Liebe in die Welt zu tragen.

Unzählige Zeugnisse belegen, daß die gleichen Personen durch viele Inkarnationen einander verbunden bleiben, und zwar so lange, bis die wahre Aufgabe dieser Begegnung von beiden gelöst worden ist. So werden Feinde sich aussöhnen müssen, Freunde werden sich wiederfinden, um erneut einander beistehen zu können, und auch der Mensch, dem unsere reine und wahre Liebe gehört, wird in einem anderen Leben wieder vor uns stehen, wenn wir dieser Liebe in der jetzigen oder einer Prä-Existenz entsagen mußten, oder wenn wir die Liebe in einer anderen äußeren Form erfahren sollen. So können Ehepartner in einer anderen Existenz Geschwister sein, die eigenen Kinder können unsere Eltern werden – während die Begegnung mit der alten Dame eine einmalige und nur zu dem einzigen Zweck herbeigeführte war.

Die Literatur über solche Phänomene spricht im wahrsten Sinne des Wortes Bände. Aber eines sagt sie nicht: wie man mit der Erkenntnis leben soll, daß ein Familien- oder Drittpartner früherer Zeiten heute wieder unseren Weg, wenn auch unter anderen Voraussetzungen, gekreuzt hat. Bis jetzt wissen wir nur, daß wir einem bestimmten Menschen, nicht aber: warum wir diesem Menschen wiederbegegnet sind. Und nun läßt sich auch diese karmische Informationslücke schließen.

Und noch etwas anderes ist möglich: vielleicht „vermissen" Sie auf Ihrem heutigen Weg jemanden. Das Pendel hilft Ihnen auch dann; Sie werden erfahren, was aus diesem Menschen geworden ist, – und wann Sie ihn wiedersehen.

6-A/B Partner-Unterteilung

A Familien-Partner
Schlüsselpersonen + Geschlechtsart, Sympathiegrad

B Drittpartner
Wiederbegegnung, Partnerkreis, Sympathiegrad,
Partnerschicksal + Reinkarnation

6
Partnerart
Wer wird erwartet?

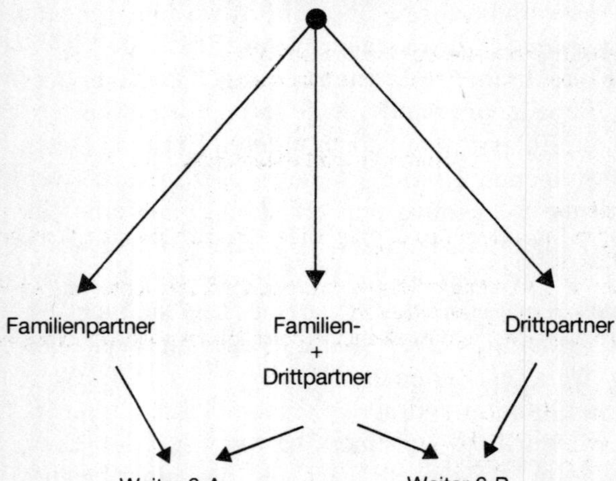

6-A1
Familienpartner-Wiederbegegnung

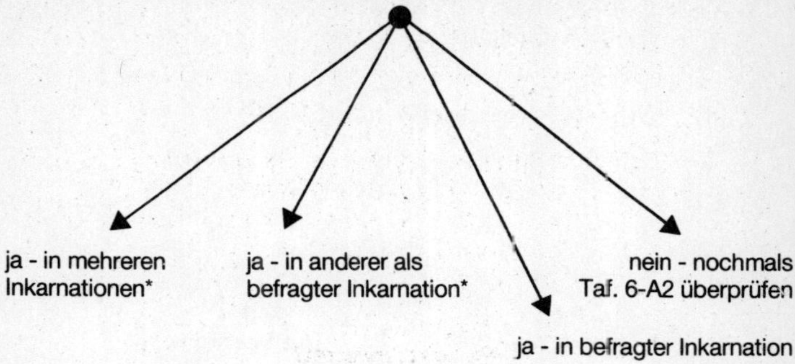

* Zahlenstelle der betreffenden Inkarnation(en) präzisieren über Taf. 1-B/Präexistenz (Ink.anzahl)

6-A2
Kontrolle auf Lesezeichen

Frageschema

- Vorweg in Taf. 6 die in Betracht stehende Partnerart abklären: Familien- und/ oder Drittpartner?
- Dann in Taf. 6-A1 erfragen: Gibt es Hinweise auf präexistente Familien-Partner mit einem heutigen Familienmitglied?
- Wird die Auskunft »Ja« durch Kontrolle bestätigt, kann wie folgt präzisiert werden:
  - wann: Zeittafeln/2
  - wie oft: Präexistenz-Taf. 1-B
  - wo: geografische Tafeln/4
  - Karma: Karmatafeln/8
  - Details: über eigene Hilfstafeln

6-A3
Schlüsselpersonen + Geschlechtsart

6-A3a
Kontrolle auf Lesezeichen

6-A3bc
Geschlechtsart

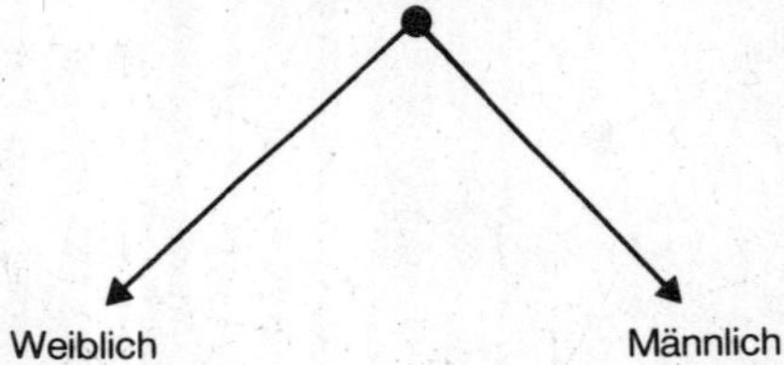

6-A3b
Weiblich
heute / früher

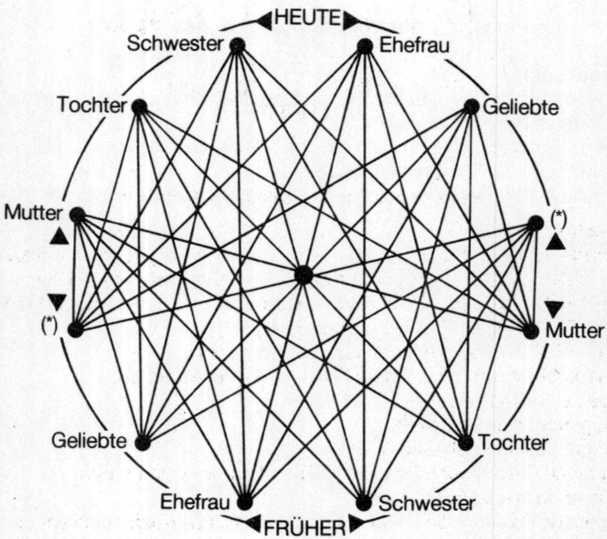

(*) Freiplatz-Reserve für eigene Fragevarianten

6-A3c
Männlich
heute / früher

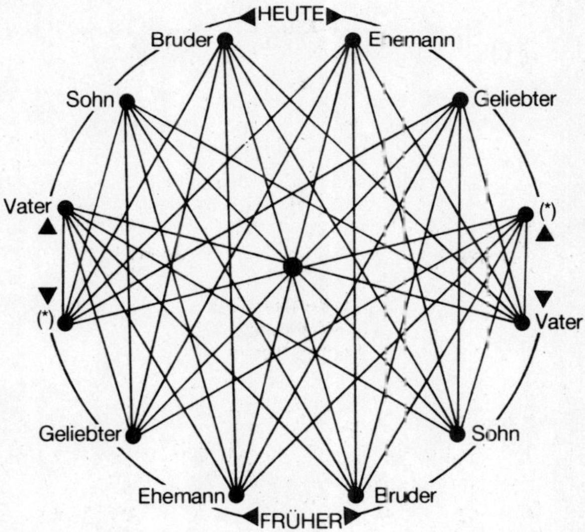

(*) Freiplatz-Reserve für eigene Fragevarianten

Frageschema

● Vorfrage in Taf. 6-A3a: »Gibt es in Taf. 6-A3bc Auskunft über vorinkarnative Begegnungen zwischen mir und einem heutigen Familienmitglied/Partner?«
● Wenn in Taf. 6-A3bc ein »Ja« zu erwarten ist wird dies durch das Pendel schon in Taf. 6-A3a als Bejahung angekündigt.
● Dann in Taf. 6-A3bc die Geschlechtsart abklären.
● Fragedurchführung ist in jedem Fall auf dreierlei Art möglich:
1. Frage zentral in Kreismitte
   ● »Eigenposition heute« ist...?
   ● »Eigenposition früher« war...?
   ● Analoge Fragen auch für die in Betracht kommenden Partner.
2. Frage oben kreisaußen
   ● »Heutige Position von ... war früher...?« Auskunft erfolgt durch entsprechenden Pendelausschlag
3. Frage unten kreisaußen dient hauptsächlich als Gegenkontrolle zu 1-3.
   ● Weitere Verwandte (bisher ungenannt) erschließen sich durch Taf. 6-A5.

6-A4/6
Sympathiegrad u.a.m.

6-A4
Sympathiegrad

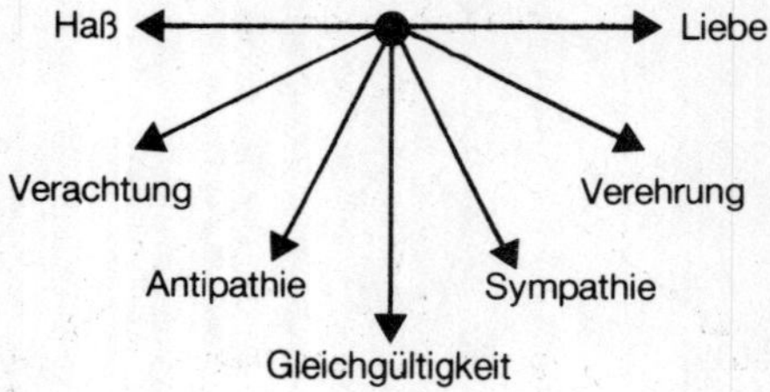

6-A5
Weitere Verwandte in 6-A3 ungenannt

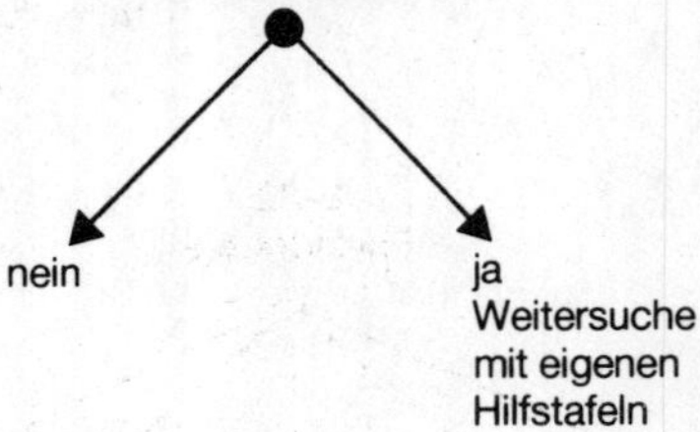

6-A6
Noch mehr über Familienpartner-Schicksale

Weiter analog 6-B5
(Partnerschicksale)

Frageschema

● Nun Abklärung des Sympathiegrades zueinander in Taf. 6-A4 - und zwar wieder getrennt nach eigener Gefühlstendenz zum Partner und der Partner-Gefühlstendenz einem selbst gegenüber.

● Weitere Verwandte (bisher ungenannte) erschließen sich durch Taf. 6-A5.

6-B
Drittpartner
Suche außerhalb der Familie

6-B1
Drittpartner-Wiederbegegnung

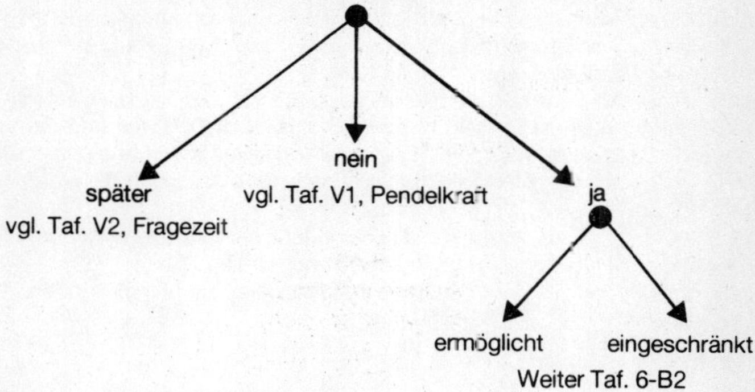

6-B2
Partnerkreis

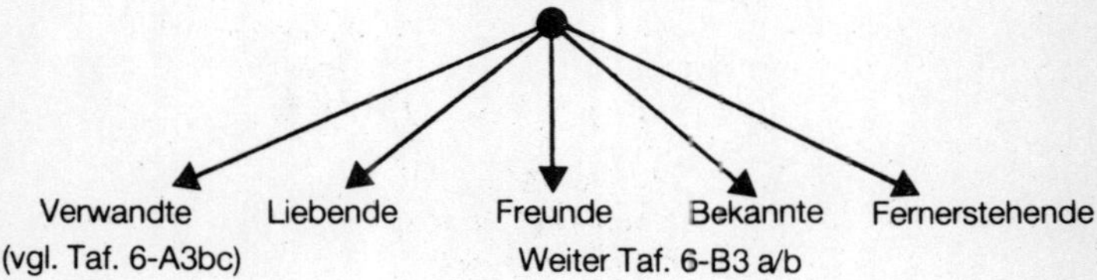

6-B3a
Sympathiegrad

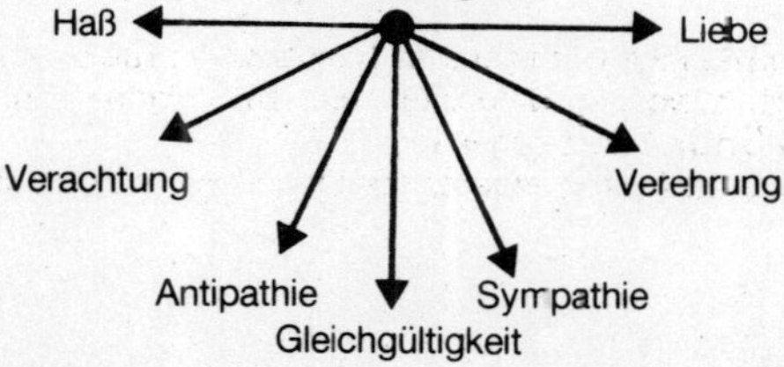

6-B3b
Kontrolle auf Lesezeichen

Frageschema

● Zunächst abklären in Taf. 6-B1, ob Wiederbegegnung mit vorinkarnativem Drittpartner vorliegt oder zu erwarten ist.
Lautet die Auskunft »Ja«, wird erfragt, ob Detail-Erfragung generell »ermöglicht« wird oder nur »eingeschränkt«. Sofern »Nein« - bzw. »Später«-Ergebnisse, dieselben als Ausnahmen werten.

● Nach »Ja«-Auskunft nun erfragen in Taf. 6-B2: »Gibt es Hinweise auf vorinkarnative Drittpartnerschaft mit einem heutigen Verwandten, Bekannten, Fernerstehenden?« Dananch auspendeln: »Gibt es Hinweise auf vorinkarnative Verwandtschaft, Freundschaft, Bekanntschaft, entfernte Bekanntschaft mit einem heutigen Drittpartner?«

● Dann Taf. 6-B3a Sympathiegrad zueinander klären, und zwar getrennt nach:

● eigener Gefühlstendenz gegenüber früher und heute

● vom Drittpartner einem selbst entgegengebrachte Gefühlstendenz früher und heute.

6-B4/6
Partnerschicksal + Reinkarnation

6-B4
Partnerschicksale

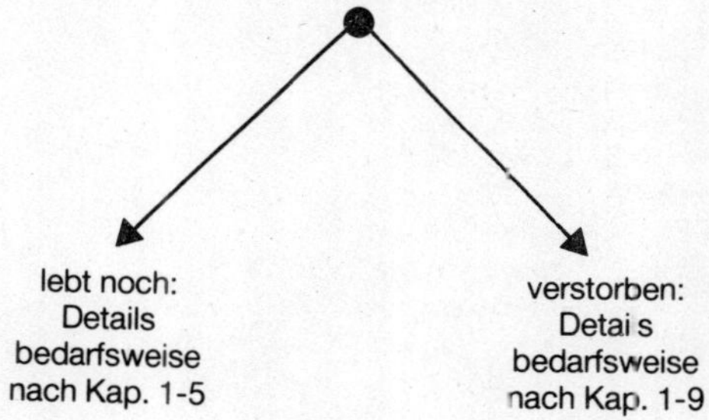

6-B5
Partner-Reinkarnation

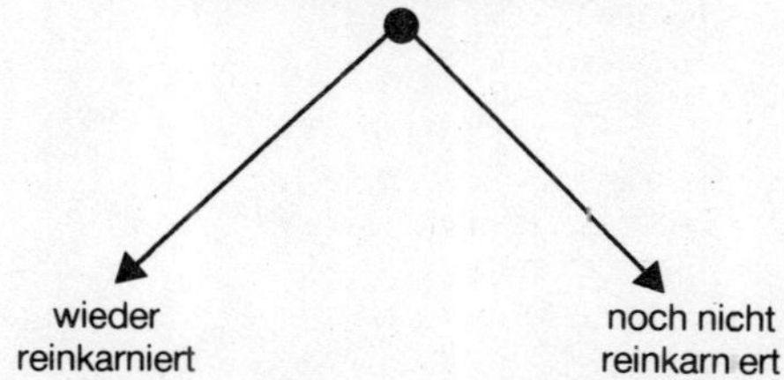

Weiteres mit Daten über Existenz bzw. Letztinkarnation in Kap. (1) 2-9

6-B6
Endkontrolle

Sind alle 6B-Ergebnisse zuverlässig?

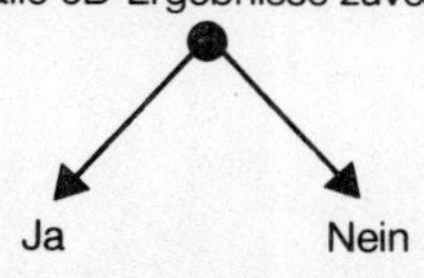

Frageschema

- Anschließend in Taf. 6-B4 Partnerschicksal erfragen: Lebt befragte Person noch? Pendelbewegung nach links = ja, Ausschlagen nach rechts = nein; Details bedarfsweise nach Taf. 1-9 und Taf. 6-B5.
- Taf. 6-B5 gibt Auskunft über Reinkarnation, d.h., ob verstorbene Person noch nicht oder wieder reinkarniert ist.

Kapitel 7

Todesumstände

Suche nach Sterbekriterien/Todesart

Die Erfüllungsart jeder Inkarnation unterliegt karmischen, in diesem Zusammenhang aber auch zeitadäquaten Voraussetzungen.

Der Präexistenzforschende wird deshalb seine eigenen Todesumstände, die seiner Vorfahren oder anderer einst nahestehender Personen nicht immer frei von starken Emotionen erfahren. Auf jede nun gestellte Frage kann die Antwort des Pendels eine erschütternde sein: denn der Geistige Pendler erfährt hier nicht nur die Todesart, sondern auch den Ort seiner eigenen damaligen Grabstätte oder seiner Vorfahren.

Doch dieses letzte Glied in der Antwortkette zu einer Präexistenz kann sich ggf. als noch nicht schließbar herausstellen, weil der Totgeglaubte noch lebt!

Ebenso, wie in einem solchen Fall die klärenden Inkarnationsdaten erfragt werden können, vermag das Pendel auch Auskunft über Reinkarnationsfaktoren zu geben, wenn der Betreffende wieder in diese Welt, in unsere Dimension eingetreten ist.

Man sollte hier besonders behutsam den Pendelweg beschreiten …

Pendel-Wege

7-A/D Sterbekriterien/Todesart
7-E Weitersuche nach Details
7-F Letztgedanken
7-G Präexistent verletzte Organe

7-A/D
Sterbekriterien/Todesart

7
Kontrolle auf Lesezeichen f. eigene Person

7-A
Kontrolle f. Drittperson

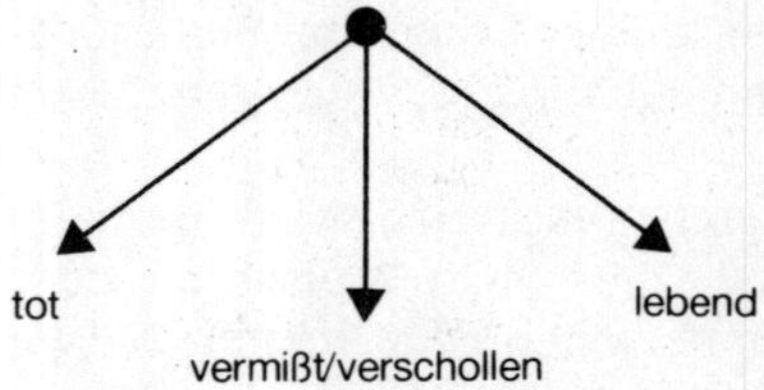

7-B/D
Todesumstände

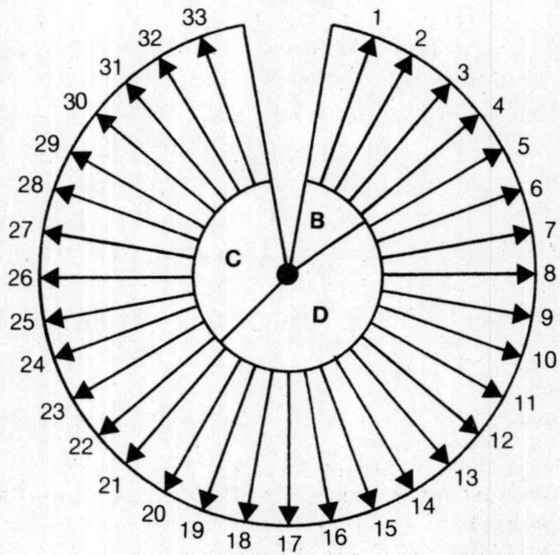

Todesumstände

Historische Umstände		Todesart
1 Friedenszeit	9 Freitod	22 Gift
2 Krieg	10 Ermordung	23 Ertrinken
3 Inquisition	11 Überfall	24 Ersticken
4 Hexenprozeß	12 Totschlag	25 Verbrennen
	13 Unfall	26 Sturz
	14 Unglücksfall	27 Sucht
	15 Irrtum (eigener)	28 Hunger
	16 Irrtum (Dritter)	29 Verletzung
Allgemeine Umstände	17 Umweltverseuchung	30 Infektion
5 »Normalumstände«	18 Strahlentod	31 Epidemie
6 Kriegertod	19 Wahnsinn	32 Krankheit
7 Gefangenschaft	20 Schwarze Magie	33 Altersschwäche
8 Folter	21 Kollektivtod	

7-E
Todesumstände-Weitersuche

7-E
Weitersuche nach Details

Art des Grabes

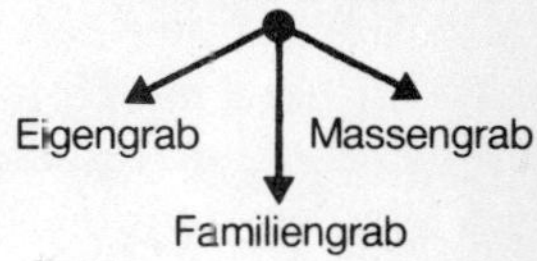

Kontrolle auf Lesezeichen

Frageschema

● ...für eigene Person:

Vorwegfrage in 7(Lesezeichen), ob Todesumstände aus Taf. 7-B/D zu ersehen sind. Bei »Ja« dann Weitersuche in Reihenfolge Taf. 7-B, 7-C, 7-D. Bei »Nein« (= Ausnahme!) nochmals Vorkontrolle nach Taf. V2. Bleibt es beim »Nein« (= Ausname!), selbstgefertigte Hilfstafel heranziehen und mit bisher unberücksichtigten Kriterien weitersuchen.

● für Drittpersonen:

● Zunächst klären in Taf. 7-A ob lebend, verschollen oder tot. Weitersuche wie bei Befragen für eigene Person.

● Erste Zielfrage nach historischen Umständen.

● Dann vertiefende Aussagen suchen nach allgemeinen Todesumständen.

● Weitere Details nach Taf. 7-D ermitteln.

● Inkarnative Todeszeit-Ermittlung nach Zeittaf. 7-B.

● In Taf. 7-E erfolgt allfällige Weitersuche nach dort detaillierten Gesichtspunkten.

Letztgedanken

Inkarnative Abschlußprüfung hin zur Wahrheit

Jeder Mensch hat bestimmte Verhaltensmuster, die sich nicht auf vererbte Anlagen zurückführen lassen, sondern eine Spiegelung seines von der „Mensch-Chemie“ unabhängigen, bewußtseinstragenden Geistes sind: er schreckt z. B. vor Feuer zurück, hat eine ihm unerklärliche Aversion gegen das Meer, neigt zur Übervorsicht, reagiert auf manche Situationen scheinbar unmotiviert gehemmt oder aggressiv oder ist in steter Sorge um seinen Lebensabend verhaftet. Alle diese Verhaltensmuster gründen sich auf Angst. In den meisten der untersuchten Fälle steht die individuelle Angst analog zum präexistent „miterlebten“ Tod.

Wenn der Pendelpraktiker sich nun die Art seines Todes mit gebotenem Respekt erschließt, so befreit er sich gleichsam aus Ängsten, die bis dahin seinen Lebensweg als Schatten begleitet haben: was man kennt, braucht man nicht mehr zu fürchten.

Doch Letztgedanken der betreffenden Inkarnation sagen weit mehr noch aus: sie sind interpretationswürdige Symbole einer Prüfung – Abschlußprüfung – eines Seins-Kapitels der Inkarnation. Je schwerer diese Prüfung also war, desto höher war auch der Reifegrad des Menschen für eben diese Prüfung. Er ist aufgestiegen durch sie in seiner spirituellen Entwicklung und hat seinen Geist geschmiedet für den nächsten Teil seiner Aufgabe – für die nächste Inkarnation.

Und selbst ein „leichter“ Tod ist nicht nur Erlösung, sondern ebenfalls Prüfung: es ist die Prüfung, ob Gottes Liebe erkannt und ob sie erwidert worden ist; die letzten Gedanken eines Menschen führen ihn deshalb noch einmal durch sein abschließendes Leben – hin zur Wahrheit über dieses Leben.

7-F1
Darf ich dies erfragen ?

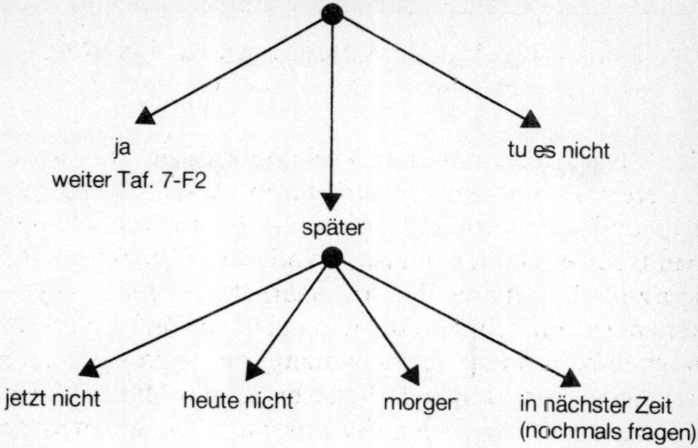

7-F2
Letztes Denken...
(als Brücke zum »Morgen«)

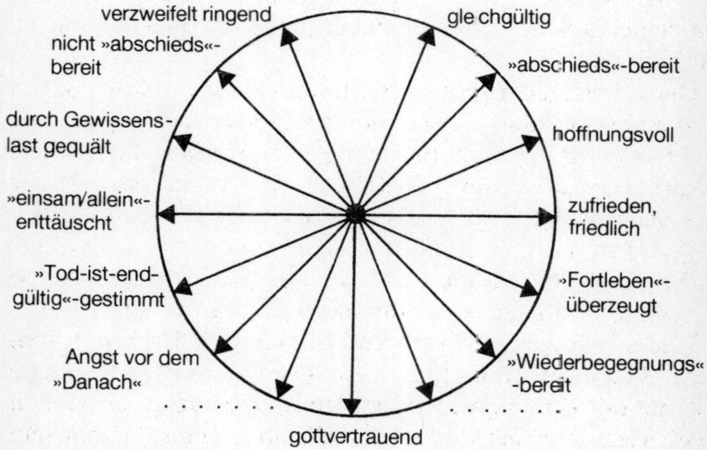

Weiter mit eigener Hilfstafel

Frageschema

● Letzte Menschengedanken erfragt man nur in großem Ernst und mit Respekt! Denn was man hier zu wissen begehrt, das erfordert die persönliche Einstellung eines Bittenden.

● In Taf. 7-F1 behutsam beginnen mit den Pendelfragen »Darf ich...?« Respektieren Sie besonders die Antworten »Später« und »Tu es nicht«. Nur bei deutlichem »Ja« - aber auch wirklich nur dann - in Taf. 7-F2 fortsetzen.

● Das Auspendeln in Taf. 7-F2 »Letztes Denken« berechtigt niemals zum Gebrauch aus Neugier. Tun Sie es nur bei begründetem Anlaß.

Präexistent verletzte Organe

Heutige Nachprüfbarkeit

Wir alle kennen sie, jene dunkelfarbigen Male, die sich an Rücken, Nacken, Kopf, Gliedmaßen usw. zeigen – oder auch im Nahbereich des Solarplexus, dort, wo im „Normalfall“ der Geist bei Todeseintritt den Körper verläßt ...

In den Lexika erklärt man solche Muttermale (auch: Leberflecke, Schönheitsflecken) als „angeborene Hautfehlbildung“, ärztlicherseits bezeichnet als Naevuszellen (Muttermalzellen), die „vom Nervensystem stammen“. Doch es gibt noch eine andere Erklärung dafür.

Nach neuestem transzendentalem Wissen, das einem der Autoren (Hoefler) zugänglich ist, kann es sich hierbei ebenso um den Beweis für ein lokales Schmerzzentrum aus der Präexistenz handeln, das als neuralgischer Punkt der Letztinkarnation augenscheinlich geworden ist und nun auch als Indiz für den (in diesem Buch erfragbaren) Todesumstand gelten kann, – als Hinweis gleichzeitig, an welcher Stelle bei tödlicher Verletzung der Geist aus dem Körper getreten ist.

Es kann deshalb sehr aufschlußreich sein, festzustellen, ob und inwieweit „Verletzte Organe“ maßgebend sind für Todesumstände in der Präexistenz – maßgebend aber auch für manches heutige Trauma und für psychosomatische Leiden, deren Ursachen bislang oft nicht zu erhellen waren.

7-G1
1. Vorkontrolle:
Darf ich nachforschen
in Taf. 7-G2/G3?

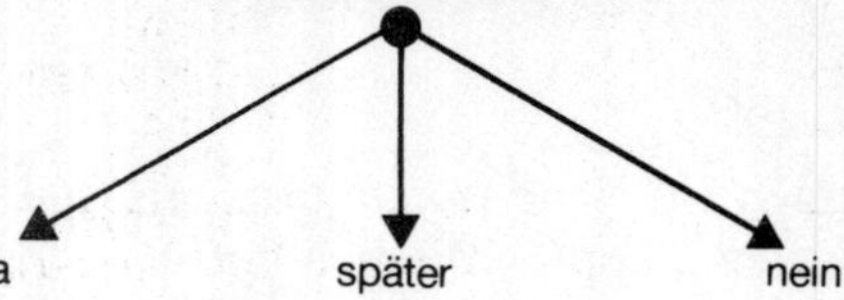

7-G2
2. Vorkontrolle:
Gibt es bei mir/ihr/ihm
verletzte Organe
heutiger Nachprüfbarkeit?

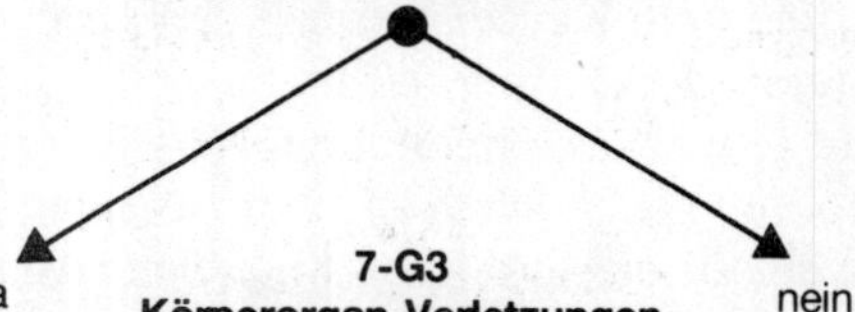

7-G3
Körperorgan-Verletzungen

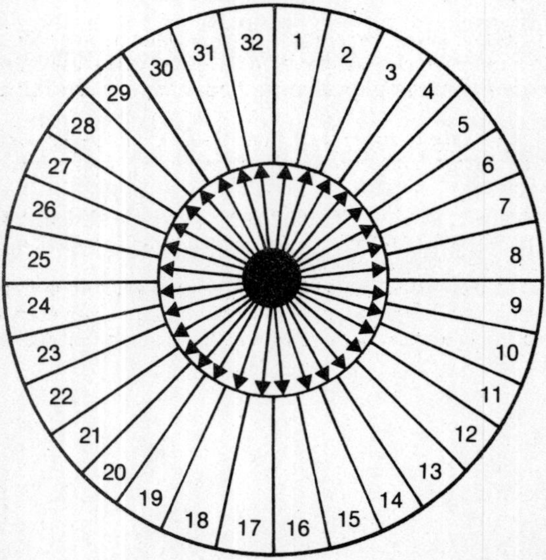

Körperorgan-Verletzungen

1 Aorta	17 Haut
2 Arme	18 Herz
3 Arterien	19 Knie
4 Augen	20 Knochen
5 Beine	21 Kopf
6 Brust	22 Leber
7 Darmbereich	23 Lungen
8 Füße	24 Lymphbahnen
9 Galle	25 Magen
10 Gehirn	26 Milz
11 Geschlechtsorgane	27 Mundbereich
12 Gesicht	28 Nase
13 Hals	29 Nieren
14 Halswirbelsäule	30 Ohren
15 Hände	31 Schultern
16 Harnorgane	32 Venen

Weiter auf eigener Hilfstafel

7-G4
Kontrolle auf Lesezeichen

Frageschema

- Die 1. Vorkontrolle führen Sie in Taf. 7-G1 (wie stets: getrennt für die eigene Person und für Drittpersonen) sorgfältig durch, da es karmische Gründe geben mag, die eine solche Beweis-Aussage nicht oder zum jetzigen Zeitpunkt nicht zulassen.
- Nach Richtigkeitsabsicherung der Frage-Erlaubnis prüfen Sie in der 2. Vorkontrolle, ob es nachprüfbare Beweise für vorinkarnative Verletzungen der Physis gibt.
- In Taf. 7-G3 können Sie bei vorher erhaltenen Ja-Ergebnissen nun die betreffende Stelle - oder auch mehrere - lokalisieren. Bei speziellerer Frage-Absicht benutzen Sie bitte eine eigene Hilfstafel.
- Bedenken Sie, daß nur Sie selbst für die Pendelauskunft verantwortlich sind und die Autoren keine Gewähr oder Verantwortung hierfür übernehmen können. In kritischen oder in Zweifelsfällen besprechen Sie sich bitte mit Ihrem Arzt oder Heilpraktiker.

Kapitel 8

Karma

Das kosmische Ordnungssystem

Was der Genetische Code für die physische Fortpflanzung, das ist der Karmische Code für die geistige Evolution des Menschen. Wiewohl aber auch der Genetische Code sich Menschenwissen niemals bis in das letzte Geheimnis hinein erschließen wird, so kann auch die in Zahlen verschlüsselte Information über das persönliche Karma nur an den Grenzen unseres Verständnisses rütteln.

An die Grenzen wollen wir Sie nun führen – oder, wie v. Bressendorf es in „Zahl und Kosmos“ so treffend formulierte, wir wollen Ihnen nun die „Geschichte der esoterischen Seite der Religion“ vorstellen.

Pendel-Wege:

8-A = Karma-Deutungsprinzip
8-B = Karma und Lebensziel
8-C = Karma und (Prä-) Inkarnation
8-D = Karma als Herausforderung zum Heute

Karma-Deutungsprinzip

Buchstaben-/Zahlen-Analogie

Karma als Gesetz des Ausgleichs von Ursache und Wirkung (vgl. Fachwortverzeichnis am Buchschluß).
Karma bewirkt Inkarnations-Erkenntnisse.
Karma bietet Hilfe zur Vollendung durch überlieferte Deutungsanalogie.

Seit mindestens 3 Jahrtausenden (vielleicht weit mehr) artikuliert menschliches Denken zum Wissen über Worte (z. B. Namen) und Buchstaben deren alphabetische Zahlenwerte, und versucht gegenseitige Beziehungen zu interpretieren über angesammelte Erfahrungen.

Der Deutungsanalogie bisher letzter wichtiger Entwicklungsstand führt, über Kabbalistik (= Überlieferung) als Wissenschaft von der Zahl, zur in den 20er Jahren begründeten sog. „Philosophie der Zahlen von Reichstein" als derzeit modernste neusprachlich gesicherte Zahlen-/Buchstaben-Analogie.

Hier in Tafel 8A-2a anschließende Vergleiche zeigen (auf Basis „schwarz" = Übereinstimmung untereinander, „weiß" = Nicht übereinstimmend) die überlieferten Gemeinsamkeiten Reichsteins mit dem Althebräischen und Altgriechischen.

Ein abweichendes Beispiel, stellvertretend für weitere Kabbalistik-„Experimente", zeigt hier Körner, speziell gestützt auf das deutsche Alphabet: Der in Tafel 8A-2a ersichtlich besonders große Weißanteil läßt somit viele Analogie-Abweichungen zu Reichstein erkennen, d. h. maßgebliche Deutungs-Differenzen und Risiken für Benutzer solcher doch zweifelhafter Deutungsrichtlinien.

Liebe Studienfreunde dieses Buches: Ziehen Sie aus diesen Erkenntnissen Konsequenzen und arbeiten mit dem gesicherten Kabbalasystem von Reichstein, dem auch wir in den Kapiteln 8 bis 10 gefolgt sind.

8-A2
Vergleichende Analogie

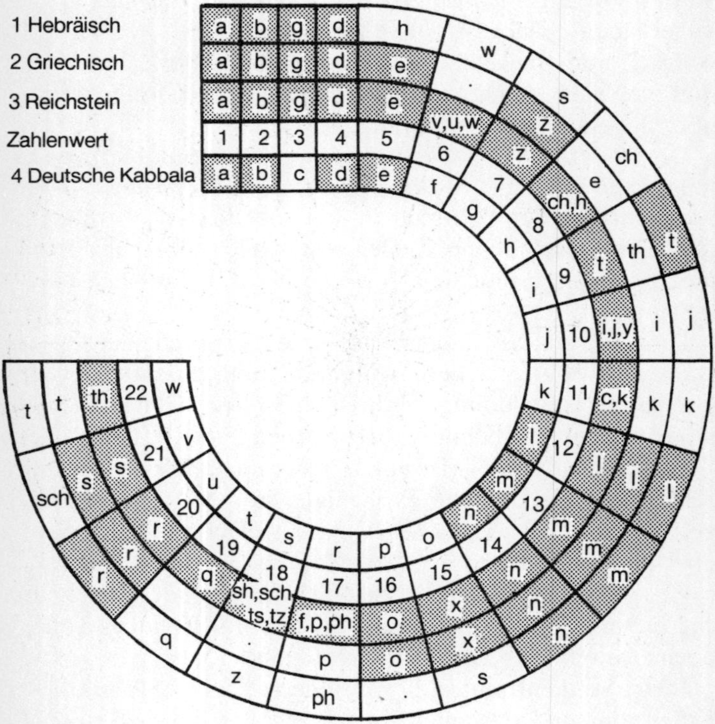

zu 1 + 2 = seit rd. 3000 Jahren
zu 3 = ab 1920er Jahre (22er Analogie-System 8-A3)
zu 4 = Strauss(1929) u. Körner (1955)

8-A3
22er Analogie-System
(nach Reichstein 8-A2a Nr. 3)

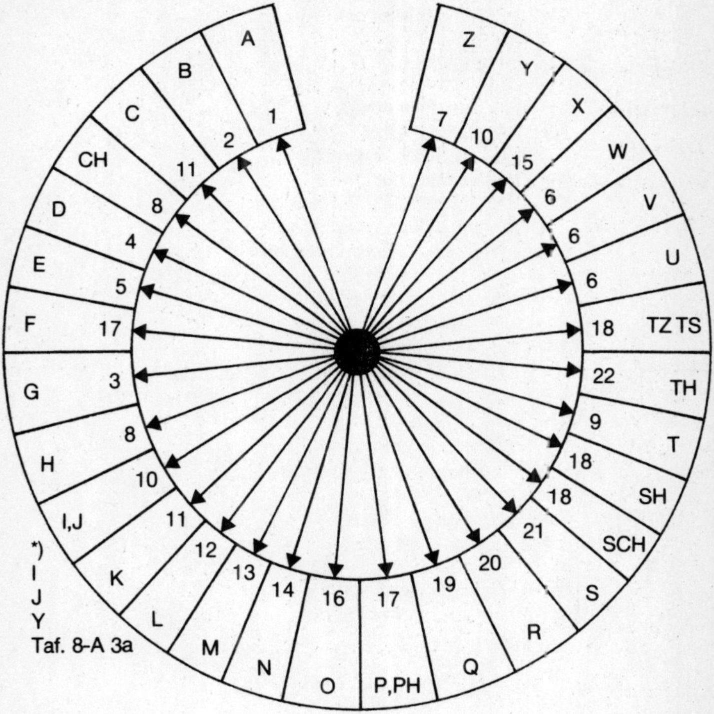

Taf. 8-A3a
liefert Karma-Kurzdeutungen
für nach 5-IB/1 bzw. 8-A3
erpendelte Namen

Frageschema

● (vgl. Kap. 5-IB/1). Weiteres vgl. Kap. 8-B/C/D.

8-A3a
Karma-Kurzdeutung
(nach Reichstein)
überarbeitet/optimiert von
Hoefler und Atti

Buchstaben-/Zahlen-Analogie

A	= 1 =	Wille, Geist, Geschick
B	= 2 =	Wissen, Erfahrung
C, K	= 11 =	Spirituale Kraft, Medialität
D	= 4 =	Tat, Verwirklichung
E	= 5 =	Inneres Bedürfnis, Religion
F, P, PH	= 17 =	Wahrheit, Glaube, Hoffnung
G	= 3 =	Gemeinschaft, Verbundenheit
H, CH	= 8 =	Recht, Gerechtigkeit, Selbstverständlichkeit
I, J, Y	= 10 =	Wechsel, Situations-Umkehrung
L	= 12 =	Opfer, Sühne
M	= 13 =	Transformation, Umwandlung
N	= 14 =	Selbstdisziplin, Wissen um Begrenzung
O	= 16 =	Katastrophen, Probleme, Situationsverneinung
Q	= 19 =	Glück, Freude
R	= 20 =	Erwachen, Wiedergeburt
S	= 21 =	Erfolgstendenz, Erreichbares
T	= 9 =	Klugheit, Weisheit
U, V, W	= 6 =	Versuch(ung), Sexus
X	= 15 =	Wirkungskraft
SH, SCH, TS, TZ	= 18 =	Aufrichtigkeitsmangel, Falschheit
TH	= 22 =	Mißerfolgstendenz, Illusion
Z	= 7 =	Sieg, Erfüllung

8-A3b
Kontrolle auf Lesezeichen

So errechnet man den „kabbalistischen Namen“

Die Zahlenwerte der einzelnen Buchstaben (nach Kapitel 8-A3 + 8-A3a) werden zunächst zu einer kabbalistischen Größe addiert, von der wir die Quersumme wieder subtrahieren müssen. Auf diese Weise ist der Name rechnerisch für unsere nähere Untersuchung vorbereitet.

Die nach Subtrahierung der Quersumme entstandene Codezahl muß nun durchdrungen, d. h. sie muß dividiert werden, und dies mit der Zahl 9, der Zahl der – alles durchdringenden – Weisheit (vgl. 8-A3a = Zahl 9!) Damit erhalten wir die Schicksalszahl des Menschen und wissen, unter welchen Prämissen er in dieser Inkarnation angetreten ist.

Zu dieser Schicksalszahl addieren wir dann den Persönlichkeitsfaktor = die Zahl 1 (vgl. wieder 8-A3a = Zahl 1!) und damit den Willen, der dem Menschen zur freien Verfügung in dieses Leben mitgegeben wurde, als einziger wirklicher Besitz.

Ergibt sich aus der Addition eine Zahl, die höher ist als 22, so interpretieren wir deren Quersumme, und sollte auch diese Zahl noch zu hoch sein, so gilt deren Quersumme.

Die Summe dieser Zahlen-Erfahrung über den Menschen verrät uns seine Lebenstendenz, nennt uns seinen „kabbalistischen Namen“.

Versuchen Sie diesen Weg am nachfolgenden Zahlenbeispiel.

8-A 4
Buchstaben-/Zahlen-Wertungen
(Beispiel)

Prinzip bei Dingen/Begriffen Buchstaben ⟶ Zahlenwert (nach Taf. 8-A3a)

z. B.: L O V E
12+ 16+ 6+ 5 = Zahlenwert 39

Beispiel

- Buchstaben ⟶ L-O-V-E
- Zahlenwert ⟶ 39
- Q-Formel:*)
  Q/Quersumme ⟶ 3 + 9 = 12
  Z/Zahlenwert minus Q/Quersumme ⟶ 39 − 12 = 27
  dividiert durch 9 ⟶ 27 : 9 = 3
- Karma-Deutungszahl ⟶ 3 (Gemeinschaft, Verbundenheit)

8-A4a
Karma-Wertung
(Beispiel)

Prinzip bei Namen/Personen Buchstaben ⟶ Zahlenwert

z. B.: J E S U S
10+ 5+ 21+ 6+ 21 = Zahlenwert 63

Beispiel

- Buchstaben ⟶ J-E-S-U-S
- Zahlenwert ⟶ 63
- Q-Formel:
  Q/Quersumme ⟶ 6 + 3 = 9
  Z/Zahlenwert minus Q/Quersumme ⟶ 63 − 9 = 54
  dividiert durch 9 ⟶ 54 : 9 = 6
- plus Personenzahl (+1) ⟶ 6 + 1 = 7
- Karma-Deutungszahl ⟶ 7 (Sieg, Erfüllung)

*) Die Formel Z-Q:9 basiert auf dem mathematischen Grundsatz, demzufolge jede Zahl über 10 minus ihrer Quersumme durch 9 teilbar ist; Reichstein verwandte diese Formel zur kabbalistischen Errechnung der Karma-Deutungszahl.

8-A4b
Kontrolle auf Lesezeichen

Frageschema

- Zur Q-Formel bitte merken:

Jede Z/Zahl minus Q/Quersumme ist durch 9 teilbar (9 = Weisheit).
Zum Beispiel:
Z/13 – Q/ 4 = 9:9 = 1
Z/66 – Q/12 = 54:9 = 6

- Ist das Karma-Deutungsprinzip nach Taf. 8-A4a zum Verständnis für Kapitel 8-B bis Kapitel 10 mir ausreichend geläufig?

Karma und Lebensziel

Einfluß von Namen und Geburtsaspekt nach Buchstaben-/Zahlenanalogie

Sie haben nun weit mehr als einen einfachen Schlüssel zum Geheimnis Ihres karmischen Kontostandes und vorbestimmten Lebensweges: Sie haben einen Passepartout, der Ihnen (fast) jedes Leben erschließt: für Vergangenheit, Gegenwart und Zukunft. Für Menschen, die Sie gekannt haben, kennen oder kennenlernen werden.

Gehen Sie verantwortungsbewußt um mit diesem Passepartout: in Ihrem eigenen Interesse. Bei jedem auch nur versuchten Mißbrauch und/oder Vertrauensbruch bricht der Schlüssel im Schloß ab. Und die „Kontrolle", die die Autoren neben jeder Erkenntnistür eingesetzt haben, verwehrt Ihnen den Zutritt zu weiterem Wissen.

Belasten Sie unter keinen Umständen durch eigene unkontrollierte Neugierde oder der Sie bedrängender Drittpersonen Ihr Karma – Sie würden Ihr heutiges Lebensziel verfehlen!

8-B1/2/3
Deutungsprinzipien

8-B
Deutungsregeln
zahlenphilosophischer Analogie
als Karma-Interpretation
des Altrömischen »nomen est omen«
= Name ist Vorbedeutung

Namensträger

Vorname + Familienname	Geburtsaspekt vgl. 5-IB/2a	Vor-/Familien-Name + Geburtsaspekt
▽	▽	▽
Karma vgl. 8-B1	Ort + Datum + Zeit vgl. 8-B2	Lebensziel + Hauptprüfungen vgl. 8-B3

Dieses Arbeitsprinzip gilt für heutige, frühere und künftige Inkarnations-Namen.
(siehe auch Kap. 9-Inkarnations-Bilanz/Einleitung!)

8-B1/2/3
Prinzipien-Beispiele

Name + Geburt	nach Geburtsurkunde bzw. Pendelfindung = 5-IB/1a od. 8A-3	Quersumme	mit Q-Formel + Personenzahl = KARMA-Zahl nach 8A-4a	
1 Namen	Vorname (Rufname)		72 =	7+ 2 = 9
	+ Familienname			72− 9 = 63
	(Ehefrau = Geb.name)			63: 9 = 7
z. B.	L O N A B E C K	▶ 72 (Namenzahl)		7+ 1 = 8
	12+16+14+1 2+5+11+11		8 =	GERECHTIGKEIT*
2 Geburtsaspekt				
			68 =	6+ 8 = 14
				68−14 = 54
a Geb.ort	Kap. 4-GE0			54: 9 = 6
z. B.	WIESBADEN	▶ 68 (Ortszahl)		6+ 1 = 7
	6+10+5+21+2+1+4+5+14		7 =	ERFÜLLUNG*
b Geb.			15 =	1+ 5 = 6
Datum	nach 2-A/D			15− 6 = 9
z. B.	3. 11. 1900			9: 9 = 1
	3+1+1+1+9+0+0	▶ 15 (Datumzahl)		1+ 1 = 2
			2 =	WISSEN/ ERFAHRUNG*
c Geb.zeit	nach 5-IB/2			
z. B.	1^h00^m			
	1+0+0	▶ 1 (Zeitzahl)	1 =	WILLE*
▶ Geburtsaspekt		▶ 84 (84-12 =72:9 = 8 + 1 = (9)	9 =	WEISHEIT, KLUGHEIT*
LEBENSZIEL				
3 + Hauptprüfungen	Errechnung aus			
	Namenzahl	▶ 72	156 =	1+5+ 6 = 12
	+ Geb.aspekt	▶ + 84		156-12 = 144
				144: 9 = 16
		156		16+ 1 = 17
			17 =	WAHRHEIT*

* Karma-Analogie nach 8A-3a + 8A-4a.

Ergebnis		Karma-Analogien	
für Lona Beck,		◆ Namen	= Gerechtigkeit
geboren	in Wiesbaden	◆ Geburtsaspekt	= Weisheit
	am 3. 11. 1900		
	um 1^h00^m	◆ Lebensziel	= Wahrheit

Arbeitsschema

● Aus. Taf. 8-B erschließt sich Ihnen zunächst der Weg zur Karma-Interpretation nach kabbalistischer Deutung.

● Dieser Weg stützt sich auf schon bekannte Namensträger-Untrerlagen über Name + Geburt nach der Geburtsurkunde bzw. nach Pendelfindung (Taf. 5-1B/1a bzw. 8-A3).

● Der aufgezeigte Weg wird näher aufgeschlüsselt in Taf. 8-B1/3 hinsichtlich

1. Namen
2. Geburtsaspekt
3. Lebensziel und von dort über Hilfsrechnung zur Karma-Analogie.

● Bitte prägen Sie sich dieses Arbeitsschema nach dem Muster der Lona Beck so fest ein wie möglich, weil damit der Weg in die nächsten Kapitel sehr erleichtert wird.

● Am besten stellen Sie mit anderen Namen und anderen Geburtsaspekten gleiche Berechnungen an und überprüfen jedes eigene Ergebnis nach Taf. 8-B4 auf Richtigkeit.

● Erst dann empfiehlt sich ein Weitergehen nach Kapitel 8-C.

Karma und (Prä-)Inkarnation

Lebensaufgabe als Positiv-/Negativposten

Karma ist bekanntermaßen das Gesetz von Ursache und Wirkung. Ursachen, die wir prä-inkarnativ einmal geschaffen haben, werden von uns heute als Wirkung erfahren, als ein urpersönliches Erbe, das uns einen bestimmten Platz im Leben zuweist, an dem wir wiederum Entscheidende, wiederum Verursacher sind. Vielleicht haben wir einige Aktiva auf unserem karmischen Konto, die es sinnvoll zu verwalten, zu mehren oder gar zu teilen gilt; vielleicht aber haben wir auch Passiva an bestimmten Stellen auszugleichen.

Welches Erbe haben wir uns hinterlassen für das Heute? Wie haben wir im Gestern unsere Lebensaufgabe verstanden, genutzt oder vernachlässigt? Wie ist denn unser Ist und unser Soll?

8-C 1
Lebensaufgabe alternativ (Typbeispiel)

Lebensziel „17“ aus Beispiel: 8-B1/3	als erkenntnisreiche Lebensaufgabe, positiv genutzt nach Tafel 8-A3a + 8D	als erkenntnisreiche Lebensaufgabe, negativ genutzt nach Tafel 8-A3a + 8D
	Namen:	wird hier verrechnet
z. B. 72	als Karma	als Karma
Karma: z. B. 8	Gerechtigkeit	Ungerechtigkeit
Geburtsaspekt: z. B. 9	Weisheit und Herzensbildung	Torheit und Egoismus
Lebensziel: z. B. 17	Optimismus, Glaube, Wahrhaftigkeit	Pessimismus, Unglaube, Unaufrichtigkeit

8-C2
Alternativ-Schlüssel
für Fragende

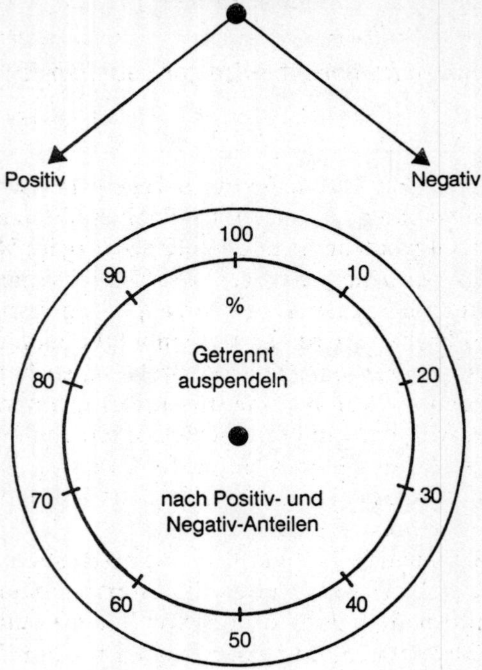

8-C3
Kontrolle auf Lesezeichen

Arbeitsschema

- Der Alternativschlüssel in Taf. 8-C2 bietet jedem Pendelfragenden die wichtige Auskunftsmöglichkeit, in Betracht stehende Lebensaufgaben als qualitative und quantitative Bewertung aufzuschlüsseln im Sinne von
- Positivbereich/Negativbereich
- Prozentanteil Positivbereich/Negativbereich.

Karma als Herausforderung zum Heute

Reinkarnationsimpulse zur Lebenshilfe

Wie sich psychische Probleme eines Tages als Krankheit im Körper manifestieren, so zeigen sich Fehlverhalten und in der Präexistenz aufgeladene Schuld heute als Sorgen, Nöte, Probleme. Alles Auflehnen dagegen verstärkt nur die Mißlichkeit der Situation, denn: Druck erzeugt Gegendruck. Jede Sorge, jedes Problem wird uns als Symbol für eben das zuteil, das wir verstehen lernen sollen. Verstehen aber heißt erkennen: an-erkennen. Wer aus einer negativen zu einer positiven Lage finden will, der muß sein Schicksal annehmen als Herausforderung. Aber nicht als Herausforderung, gegen Löwen zu kämpfen, sondern eben als die, Freundschaft mit ihnen zu schließen – sie anzuerkennen ...

Lernen Sie nun die Qualität Ihres Karma kennen, anerkennen und verstehen. Akzeptieren Sie es als verbindlich wegweisende Information darüber, was von Ihnen zu tun ist (kabbalistisch entspricht „Karma“ der Zahl4/Tat), um Frieden zu schließen mit dem Licht, der Wahrheit und dem Leben. Ursache und Wirkung sind eins, wir erfahren sie nur zeitlich hintereinander. Was Sie im vergangenen Leben getan haben, das haben Sie schon für dieses Leben getan, und was Sie heute tun, ist schon für morgen getan; alles ist eine – und nur eine – Zeit: Ihre Zeit.

Lassen Sie sich bei einer evtl. erpendelten Negativ-Tendenz nicht entmutigen, denn Sie wissen: das Negative kann niemals allein existieren, auch der Gegenpol, das Gute, ist stets anwesend. „Verkleinern“ Sie die zweistelligen Negativ-Zahlen durch Addition zu einer:

„Verwandeln“ Sie die 10/Wechsel des Glücks in die

1/Wille; aus 12/Opferung, Sühne können Sie zur 3/Gemeinschaft und Verbundenheit finden; aus der 16/Katastrophe können Sie mit 7/Sieg hervorgehen; der 22/Mißerfolgstendenz können Sie mit 4/Tat begegnen.

Die Zahlen sagen nicht nur, was ist – sie sagen auch, was zu tun ist. Pendeln Sie es aus.

8-D1
Reinkarnative Tendenzen
als Wertung von Taf. 8-A3a

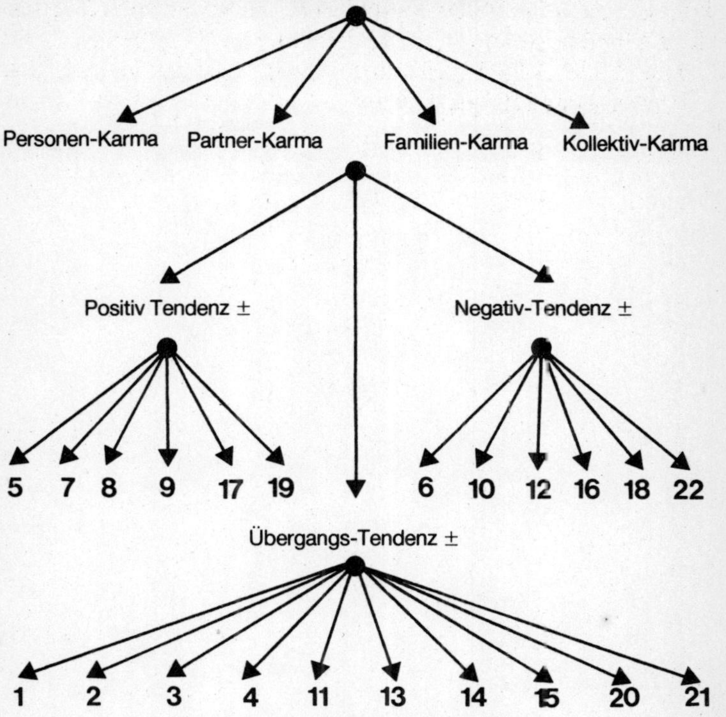

Karma-Kurzdeutungen nach Taf. 8-A3a

5 Inneres Bedürfnis / Religion
7 Sieg / Erfüllung
8 Gerechtigkeit / Selbstverständlichkeit
9 Weisheit / Klugheit
17 Wahrheit / Glaube / Hoffnung
19 Glück/Freude

6 Versuch(ung), Sexus
10 Situations-Umkehrung
12 Opfer / Sühne
16 Situationsverneinung / Katastrophen
18 Aufrichtigkeitsmangel, Falschheit
22 Mißerfolgstendenz / Illusion

1 Wille / Geschick
2 Wissen / Erfahrung
3 Gemeinschaft / Verbundenheit
4 Tat / Verwirklichung
11 Spirituelle Kraft / Medialität

13 Transformation / Umwandlung
14 Selbstdisziplin
15 Wirkungskraft
20 Erwachen / Wiedergeburt
21 Erfolgstendenz / Erreichbares

8-D2
Kontrolle auf Lesezeichen

Frageschema

● Erfragbare jeweilige Reinkarnations-Tendenz auspendeln nach Taf. 8-D1. Der »Dreierschlüssel« Positiv-, Übergangs-, Negativ-Tendenz bietet die näher interpretierbare Tendenzqualität.

● Als alternative Inkarnationstendenzen zu erfragen sind Namen jeder Art (Kap. 5-IB), Zeit- und Ereignisfälle (Kap. 2), Zielpunkte von Leben (Kap. 8-B3, b-C1, 10-C1) und auch von einer Sache oder von Vorhaben. Alle solche und weitere Formen lassen sich hier auspendeln nach Namen (Kap. 5-IB/1a), nach Zeitpunkt (Kap. 2-A/D) und nach ihrem jeweiligen Karmagehalt in Taf. 8-A3a + 8-D1.

Kapitel 9

Inkarnations-Bilanz

Suche nach inkarnativer Erkenntnis

Bilanz erleben wir als Detail- und Summenerfahrung von Vergangenem, wobei Inkarnationsbilanzen zur kosmischen Offenbarung für uns werden.

Wie das seit Mehrjahrtausenden kulturell zusammenhängt und bis zum Heute gewachsen ist, berichtet Kapitel 8-A aus kabbalistischer Sicht.

Mit dieser Erkenntnis können Sie sich meditativ in die Wesensoffenbarung der Zahlen versenken, und Meditieren ist Erkennen, und Erkennen ist Leben. Wenn Sie nun die Zahlen erkennend in sich lebendig gemacht haben, dann erleben Sie augenblicklich, daß alles im Leben seine Zahl, seine Zeit, seine kosmische Ordnung und göttliche Bestimmung hat.

Das beginnt mit den Namen, deren Sprachwurzeln, wenn man zu ihren Quellen, den Zahlen, zurückgefunden hat, Mystizismen sind. In diesem Sinne zeigen wir anschließend die Inkarnations-Bilanz eines Menschen mit Weg und Ziel, seine persönliche Inkarnations-Offenbarung; Zahlen und Namen, die zu Erkenntnissen verdichtet wurden und so in eine nachvollziehbare Lebens-Bilanz münden.

Der *Name* (= Kapitel 5-1B1) des Menschen, sein *Geburtsort* (= Kapitel 4), *Geburtsdatum* (= Kapitel 2-A/C und die *Geburtszeit* (= Kapitel 5-IB/2) sind kosmische Codierungen, die sich kabbalistisch entschlüsseln lassen (= Kapitel 8-A).

NAME	
14+1+13+5	33...3 +1= 4/TAT
GEBURTSORT	
3+5+2+6+20+9+21+16+20+9	111...12+1=13/TRANSFORMATION
GEBURTSDATUM	
3+5+2+6+20+9+21+4+1+9+6+13	99...9 +1=10/WECHSEL
GEBURTSUHRZEIT	
3+5+2+6+20+9+21+6+8+20+7+5+10+9	131...14+1=15/WIRKUNGSKRAFT
total:	374...40+1=41=5/RELIGION

Der Name als elterliche Determination offenbart in der Kabbalistik das, was der Mensch tut, seine ihm bestimmten Taten, Handlungen. Man erinnere sich, daß in früheren Zeiten Namen immer gleichzeitig den Beruf, das Tun des Menschen, repräsentierten. Der Bäcker, der Schneider, der Fischer – sie alle verliehen ihrem Handwerk zusätzlich Ausdruck durch ihren Namen.

Der Geburtsort ist jener Erdenpunkt, an dem der Geist sich zur aktuellen Aufgabe transformiert, umwandelt in den re-inkarnierten neuen Menschenbürger.

Der Tag, an dem das neue Leben beginnt, das Geburtsdatum, zeigt den Wechsel der kosmischen Gabentendenz in die transformierte Daseinsform an.

Lebensbestimmend ist, wie wir alle aus der Astrologie wissen, die **Geburts-Uhrzeit**, die den Aszendenten (das „aufsteigende Zeichen“) als karmisches Werkzeug bestimmt und damit die Wirkungs-Kraft der Gestirne für den Menschen – und damit seine „Wirkung“.

So sind Name, Ort, Tag und Stunde verwoben zu einer erkennbaren Lebens-Wahrheit, deren Summe, deren Ganzes die Religion ist oder auch das „religio“ – die Rückbindung an die Quelle unseres Seins und Selbst-Werdens ...

(9-A)
Bilanzierte Inkarnation nach 8-B 1/2/3 als Fallstudie (+ – Deutung)

Beispiele von Tafel ...	Inkarnativ-karmische Kriterien als Modellbeispiele	Add. nach 8-B	Karmischer Zahlenwert mit Karma-Analogie (Verweis auf Fußnote 9-B)
Letzte Inkarnation = Lebenszeit			
8-B 1	Name LONA BECK = Namenszahl	72	
	= Karmazahl		8 = Gerechtigkeit[1]
	Karma:		
8-B1/2	Name	72	
	+ Geburtsjahr = 1900	10	
		82	
	elterl. Gabentendenz:		9 = Weisheit[2]
8-B 2	Geburtsaspekt = Wiesbaden 3. 11. 1900 1.00 Uhr	84	
	eigene Gabentendenz:		9 = Weisheit „schon in die Wiege gelegt"[3]
8-B 3	Lebensziel Name	72	
	+ Geb.-Aspekt	84	
		156	
	Lebensziel:		17 = Wahrheit[4]
Lebens-aspekte			
	Name	72	
	+ Sterbejahr = 1979	26	
		98	
	Qualität der Vorbereitung:		10 = Wechsel „zu höherem Glück"[5]

Beispiele von Tafel ...	Inkarnativ-karmische Kriterien als Modellbeispiele		Add. nach 8-B	Karmischer Zahlenwert mit Karma-Analogie (Verweis auf Fußnote 9-B)
Name	72			
	+ Sterbedatum = 9. 9. 1979		44	
			116	
	Bilanz, Urteil:			13 = Transformation (Umwandlung ins Geistige)[6]
	Lebensziel			
	aus Name + Geb.-Aspekt		156	
	+ Sterbejahr = 1979		26	
			182	
	Inkarnationsverlauf:			20 = Wiedergeburt, Erwachen[7]
	Lebensziel		156	
	+ Sterbedatum = 9.9.1979		44	
			200	
	Verhältnis zu Gott:			5 = Religiöses Leben aus innerem Wissen und Bedürfnis[8]
Sterbe-Aspekte	Sterbe-Aspekt	Ort: Bern	41	
		9. 9. 1979	44	
			85	
	Geistige Führung im Jenseits:			9 = Weisheit (Lona Beck stirbt am Geburtsort ihrer Vorinkarnation mit „erfüllter Weisheit“[9]
	Name		72	
	+ Sterbe-Aspekt		85	
			157	
	Qualität der geistigen Führung im Jenseits:			17 = Wahrheit, Glaube und Hoffnung erwarten sie (vgl. „Lebensziel“)[10]

Beispiele von Tafel ...	Inkarnativ-karmische Kriterien als Modellbeispiele	Add. nach 8-B	Karmischer Zahlenwert mit Karma-Analogie (Verweis auf Fußnote 9-B)
	Geburts-Aspekt + Sterbe-Aspekt	84 85 169	
	Ergebnis der geistigen Führung im Jenseits:		18 = „Falsches" (=18) wird (bei positiven Wertbegriffen) umgewandelt in Weisheit (= 9)[11]
	Lebens-Alter = 79 Jahre + Sterbe-Aspekt	79 85 164	
	Reinkarnations-Perspektive:		18 = Hinweis auf künftige Aufgabe, Falsches, Unwahres zu bekämpfen (im Sinne der jenseitigen Geistigen Führung, deren Qualität und Ergebnis)[12]
Bilanz	Sterbe-Datum	44	
	Gottes Entscheidung über nächste Inkarnation:		5 = Wegbereitung für Offenbarungen nach Gottes Willen[13]
	Lebensalter + Sterbedatum = 9.9.1979	79 44 123	
	Kosmische Geburt (= das neue Sein):		14 = Ein mit Demut und Selbstdisziplin geführtes, (14 in positiv 5 gewandeltes) religiöses Leben[14]
Weiterentwicklung	Zum Leben nach dem Tod	LONA BECK	bereitet sich vor auf ihre REINKARNATION[15]

(9-B)
Inkarnative „Offenbarung“ aus Tafel 9-A

- □ 1) Der Name Lona Beck (= 72 ... 8) ist elterlich vorprogrammiert für karmische Wegweisung zu GERECHTIGKEIT und höchster Lebensharmonie, zum Weisehandeln (= Weisheit).
- □ 2) Ihr Inkarnationsstart im Geburtsjahr 1900 (= 82 ... 9) verstärkt die „elterliche Gabentendenz“ zum WEISESEIN.
- □ 3) Der Geburtstag am 3. 11. 1900 (= 15 ... 2) gibt der jungen Erdenbürgerin die schicksalsweisende INTUITION (= 2) zur Nutzung ihrer inkarnativ mitgebrachten Anlagen (vgl. $\square^1$, $\square^2$) als selbstlose Hilfsbereitschaft. Und der Geburtsakt vom 3. 11. 1900 (= 15) in Wiesbaden (= 68), um 1.00 Uhr (= 1) wird als Geburtsaspekt (84 ... 9) sogar zum vielversprechenden Wiegengeschenk der WEISHEIT.
- □ 4) So formuliert sich aus Name (= 72) + Geburtsaspekt (= 84) das Lebensziel (= 156 ... 17) mit WAHRHEIT/GLAUBE/HOFFNUNG, deren überragende Bedeutung bei positivem Wirken der Lona Beck ihren Weg und Lebenserfolg als gläubige Optimistin klar erkennen läßt.
- □ 5) Das aus dem Ableben bestimmte Ereignis für Lona Beck kündigt sich an aus Name + Sterbejahr 1979 (= 98 ... 10) bevorstehender WECHSEL „zum höheren Glück“.
- □ 6) Mit dem Sterbedatum am 9. 9. 1979 erfüllt sich für sie (= 116 ... 13) die Transformation als Umwandlung vom diesseitigen Leiblichen zum jenseitigen Geistigen.
- □ 7) Aus Lebensziel (= 156) + Sterbejahr (= 26) wird das INKARNATIONSENDE (= 182 ... 20) definitiv zum vorbestimmten Ereignis der sich ankündigenden Wiedergeburt (= 20).
- □ 8) Und offensichtlich erfüllt sich hier für Lona Beck (= 72 ... 8) wie selbstverständlich (= 8/Gerechtigkeit), die mit Geburtsaspekt (= 84 ... 9/Weisheit) und mit Sterbedatum (= 44 ... 5 das innere Bedürfnis) zum Erreichen der schon in die Wiege gelegten inkarnativen Offenbarung ihres Lebensziels (= 156 ... 17) WAHRHEIT/GLAUBE/HOFFNUNG. Dieser Zielpunkt des von Gerechtigkeit 6 (= 8) und Weisheit (= 9) geprägten Erdendaseins wächst zu einer optimalen INKARNATIONS-BILANZ (= 5/Religion), die sie Gott „heimbringt“.
  Das Leben der LONA BECK ist somit voll erfüllt gelebt!
- □ 9) Mit dem Sterbeaspekt (= 9) erfüllt sich für dieses vorbildliche Leben die sozusagen Krönung als seltenes drittes kosmisches Weisheitsgeschenk ($3 \times 9 = \square^2 + \square^3 + \square^9$!) an eine geistig elitäre Führung.
- □ 10) Bezeichnenderweise bestätigt sich hier aus Sterbeaspekt + Name (= 9/Weisheit) wiederum ihr Lebensziel (= 17/Wahrheit, Glaube, Hoffnung) mit der so verstärkt betonten Aufgabe, Menschen

zu führen, sie mit der Schöpfung, mit der göttlichen Liebe und Weisheit vertraut zu machen. Sie wählte (= nach □[6] Gottes Entscheidung = 5/Religion) den Beruf Schriftstellerin und verbreitete erfolgreich esoterische Wahrheitslehren.

□ 11) Wunderbarerweise zeigt sich die Kraft ihrer geistigen Führung als Ergebnis aus Geburtsaspekt + Sterbeaspekt (= 18) im Sinne betätigter Umwandlung wiederum zur Weisheit (= 9).

□ 12) Und nochmals verbindet sich ihr Sterbeaspekt mit dem Lebensalter als reinkarnative Vorbereitung zum Betätigen als elitärer Geist, der es versteht, zur Weisheit zu führen (= 18 = 9!)

□ 13) Ihr Sterbedatum (= 5) offenbart sich als karmisch identisch mit ihrem Lebensziel (= 5/Religion), was wohl nur als bestätigte Lebensmaxime deutbar ist, ihre Erdenzeit in tiefer Gott-Verbundenheit auftragsgemäß zu erfüllen.

□ 14) Sterbedatum und Lebensalter schlußendlich interpretierbaren sich hier als kosmische Geburt, als ihr neues Sein in großer Erwartungsbereitschaft.

□ 15) Der Weg zur Reinkarnation ist bereits Weiterentwicklung!

Umstehende Interpretationen 1-15) bestätigt das Pendel an jedem geografischen Punkt unseres Planeten als korrekt. Bitte überprüfen Sie selbst!

Deshalb nutzen nur Sie das Beispiel dieser Fallstudie für weitere Inkarnations-Analysen mit dem Pendel.

Arbeitsschema

- Fragen hier können nur die Aufgabe kritischer Selbstkontrollen haben.
- Bitte überprüfen Sie nacheinander zu den Punkten 1-15, inwieweit die dort interpretierten Offenbarungsdetails Ihr persönliches Verständnis finden.
- Zum raschen Verstehen bei Unklarheiten schlagen Sie bitte gleich nach in Taf. 9-A und gehen dort von außen rechts nach links zu den entsprechenden Inkarnations-Aussagen (=Karma-Analogie) sowie Karmawertungen und weiter links zurück, wo das Zustandekommen anhand der einzelnen Modellbeispiele erklärt ist.
- Bei im Einzelfall weiter verbleibender Unklarheit zögern Sie nicht, die links in Taf. 9-A zitierten Tafelbeispiele nochmals gedanklich durchzugehen, um das Zustandekommen konkret zu überprüfen.
- Beachten Sie, daß die in Kapitel 9-A+B dargestellte Inkarnations-Bilanz möglichst bis in Einzelheiten gefestigt Ihre Erkenntnis bereichert.
- Nur dann kann sich für Sie das letzte Tor öffnen zu Schlußkapitel 10+11.

Kapitel 10

Vom Gestern zum Morgen

Reinkarnation als Aufgabe der Selbst-Findung

Folgendes wird nun geschehen können: Sie entdecken anläßlich einer erpendelten Rückschau in Tafel 1-B den Ansatz zu mehreren Präexistenzen. Neugierig weiterpendelnd finden Sie dann die vieles offenbarende Reinkarnations-Kette, Ihren Weg vom Damals zum Heute.

Auf diesem Weg wachsen nun sämtliche inkarnativen Details als bilanzierende Erkenntnis zur allgegenwärtigen Karmaverhaftung eines Systems kosmischer Ordnungsbeziehungen. Und gleichzeitig erweist sich dies auch noch als exakt funktionierendes „Wunder der Zeit"; eine weitere Offenbarung.

Wer in diesem Sinne pendelt, erkennt bald mehr und mehr die Bedeutung des richtigen Umgangs mit der Zeit als wertvolles kosmisches Geschenk. Ungeahnt beziehungsreich zwischen einem Nicht-alles-auf-einmal und einem weise geplanten Nacheinander „zur rechten Zeit", d. h. nicht immer, wie wir es persönlich wünschen, sondern im karmischen Sinne brauchen.

Jedem Pendler wird das Zeit-Geschenk zu etwas oft Unberechenbarem. Zwar können wir das Gestern als karmische Reinkarnations- oder Lebensbilanz sehen, aber nur zu ahnen ist karmische Gesetzmäßigkeit, die Schuld und Verdienst umformt zum schicksalbestimmenden Fort-Schritt ins Morgen …

Da im Mittelpunkt aller dieser Dimensionen stets Name und Geburtsaspekt stehen, wird das Wissen um diese Konstanten auch für Sie zur echten Lebenshilfe, und zwar auch durch ein nach Wissen der Autoren erstmals publik gemachten „Zukunfts-Karma“, das in Kapitel 10 nun weitgehend auspendelbar ist.

Das Ergebnis für jeden Einzelnen kann nur sein, Gott um Fingerzeige und um Hilfe zu bitten, begangenes Unrecht aus früherer und heutiger Zeit wiedergutmachen zu dürfen, das Lebens-Ziel zu erreichen: Die Aussöhnung mit dem Ganzen, dessen Teil wir sind, die Aussöhnung mit dem Vater allen Seins, mit Gott.

Pendel-Wege:
10-A = Ich-Erkenntnisbereitschaft zur Reinkarnation
10-B = Reinkarnations-Bilanz
10-C = Inkarnations-Anlagen
10-D = Nächste Reinkarnation

Ich-Erkenntnisbereitschaft zur Reinkarnation

10-A1

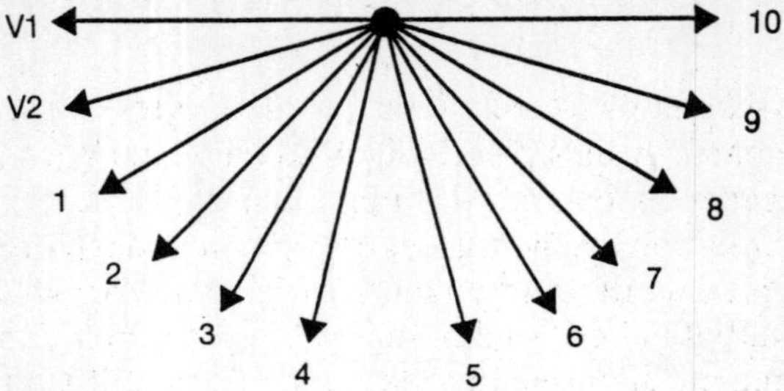

10-A2
Kontrolle auf Lesezeichen

Frageschema zu 10-A1:

- Man fragt in Taf. 10-A1: »Besitze ich die zur Inarbeitnahme von Kap. 10 erforderliche Erkenntnisbereitschaft (= Pendel zeigt auf 10) oder welche Rückkapitel (= V1...9) sind erneut durchzuarbeiten?«
- Der Pendelausschlag 10 signalisiert für »geistige Reife« (s. Taf. V1-A) die Öffnung des weiteren Pendelweges in Kap. 10.
- Erfolgt kein deutlicher 10er Ausschlag, sollte dies als Mahnung respektiert werden, seine "wahren Grenzen" zu respektieren. Denn ein Eindringen in die kosmische Ordnung reinkarnativer Erkenntnisse ist nicht zu erzwingen. Ein Mißbrauch von Erkenntnissen aus Kapitel 10 würde mit schwerem Folgekarma gesühnt werden müssen.
- Bei Pendelausschlag V1...9 wird der Rat erteilt: Vor Inarbeitnahme von Kap. 10 sollte der Pendler zur ausreichenden Ich-Erkenntnisbereitschaft (für sichs bzw. für zu erpendelnde Drittpersonen) nochmals rückliegende Kapitel in Ruhe geistig durcharbeiten.

Inkarnations-Bilanz

Mitunter scheint es so recht eine „Strafe Gottes" zu sein, was wir an einem Tag alles (!) erledigen sollen – wo doch gestern soviel liegengeblieben ist, das nun noch dazukommt! –

Diese Situation spiegelt unser Verhalten in der Präexistenz wider, zeigt uns die alte Bilanz. Aufgaben, die wir damals nicht bewältigt haben, stellen sich uns heute erneut, ungeachtet derjenigen, die ohnehin dem Heute zugeteilt sind. Doch die Zeit, die uns zur Verfügung steht und die Kraft, sie werden nicht mehr deshalb. Wir müssen lernen, Prioritäten zu setzen, das Wesentliche vom Unwesentlichen zu unterscheiden, abzulehnen, was uns an der Erfüllung unserer Aufgaben hindert. Denn am Ende unseres Lebens-Tages sollten wenigstens diesmal alle Pflichten getan sein, auch die alten. Sonst bleibt immer eine Schuld übrig, sonst werden wir nie „fertig".

Gott straft nicht, der Mensch straft sich immer selbst.

Wenn Sie nun Bilanz über Ihre Präexistenzen ziehen und den Bezug herstellen zur Heute-Situation, so werden Sie erkennen, daß das Ihnen zugeteilte Maß an Selbst-Arbeit niemals zuviel war oder ist, sondern daß Sie es versäumt haben, Ihr Soll zu erfüllen. Und noch eines werden Sie erkennen: In dem Augenblick, wo das Soll ausgeglichen ist, beginnen Sie, sich karmisches Guthaben zu erarbeiten …

10-B1
Fragen zur Inkarnations-Aufgabe

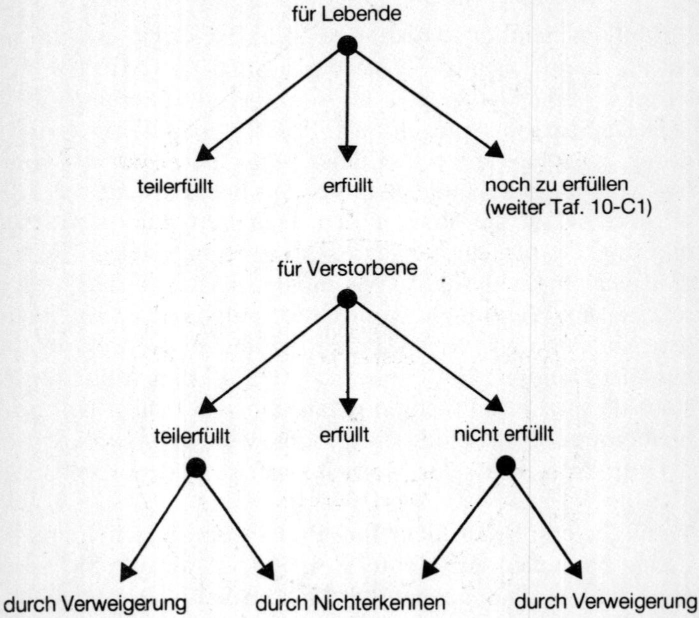

10-B2
Fragen zur
Inkarnations-Bilanz

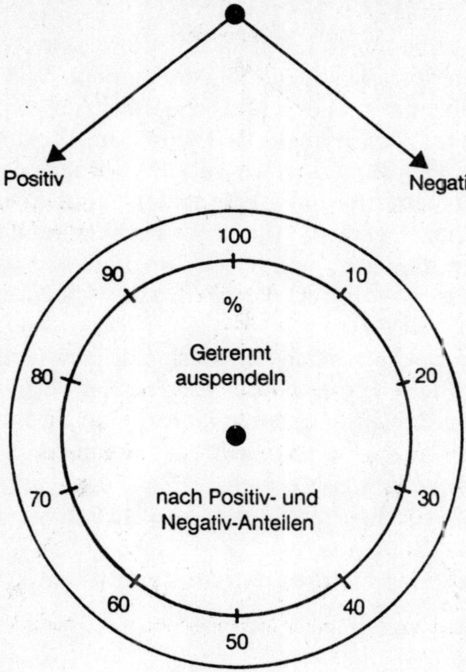

10-B3
Kontrolle auf Lesezeichen

Frageschema

● Kein ernsthaft suchender Geistpendler wird von kritisch bohrenden Fragen über den Erfüllungsstatus von Inkarnations-Aufgaben verschont bleiben, wobei Taf. 10-B1 wertvolle Hilfen anbietet.

● In der nächsten Taf. 10-B2 läßt sich der jeweiligen Gewichtung anteilig näherkommen.

Inkarnations-Anlagen

Alles fließt, erkannte schon Heraklit. Die Seins-Strukturen des Menschen unterliegen ständigem Wandel. Wie der Stein in Äonen von Jahren in den Meeren gewaschen und geschliffen wird, so formt sich auch der Mensch im Wellengang seines Lebens. Wie oft müssen wir verletzt werden, damit unser Werden zum Kern führt. Wir spüren den Schmerz und fragen nach dem Sinn – viel zu früh. Erst rückblickend begreifen wir, was war, und daß es gut war: im Fluß der Zeiten uns wandelnd haben wir unsere Persönlichkeit schleifen, sie runden können.

Wenn Sie die Persönlichkeitsmerkmale aus Ihren Präexistenzen mit denen von heute vergleichen, offenbart sich Ihnen das Werden Ihrer eigenen Natur – und vielleicht auch der Sinn weiser Zu-Fügung erlittener Schmerzen. Und Sie werden dann auch wissen, welche Gewässer Ihrer Vervollkommnung förderlich sind, und in welchen Sie nur ruhig dahintreiben ...

Ab jetzt können Sie dies jederzeit kontrollieren.

10-C1
Fragen zu Inkarnations-Anlagen
(vorprogrammierte Fähigkeiten + Fehler)

AUS KARMA-SICHT	PLUS-/MINUS-SCHLÜSSEL PERSÖNLICHER TREND + förderlich (Kraftzuwachs) – hemmend (Fehler)

→ 1 *GEO-Inkarnation*
- a ☐ Aufenthalts-Land Wirksamkeit
- b ☐ Aufenthalts-Ort Wirksamkeit
- c ☐ Würde Ortswechsel persönliche Probleme lösen?
- d ☐ In Problemfällen: Kapitel 4-1/V

→ 2 *Auftrag, Aufgabe, Lebensziel*
- a ☐ Fähigkeiten, persönliches Karma zu meistern
- b ☐ Auswirkung von Karma-Wechsel/-Verschiebung
- c ☐ Werden eigene Fehler erkannt und korrigiert
- d ☐ In Problemfällen: Kapitel 5-IB, 8-B3, 8-D, 10-B/C (evtl. eigene Hilfstafel befragen)

→ 3 *Persönliche (Fehl-)Neigungen*
- a ☐ Besonderheiten im persönlichen Umgangs-Naturell
- b ☐ Auswirkung von Karma-Wechsel/-Verschiebung
- c ☐ Werden eigene Fehler erkannt und korrigiert
- d ☐ In Problemfällen: Kapitel 5-IB, 8-C1/2, 8-D (evtl. eigene Hilfstafel befragen)

→ 4 *Sozialmilieu + Beruf*
- a ☐ Inkarnativ bevorzugte Tendenzen
- b ☐ Auswirkung von Karma-Wechsel/-Verschiebung
- c ☐ Wurde der Beruf „richtig“ gewählt
- d ☐ bzw. sollte es eine „Korrektur“ geben
- e ☐ In Problemfällen: Kapitel 5-IIA/F (evtl. eigene Hilfstafel befragen)

→ 5 *Besitzstand*
- a ☐ Inkarnativ bevorzugt „zustehende“ Tendenz
- b ☐ Auswirkung von Karma-Wechsel/-Verschiebung
- c ☐ Karmische Verpflichtung zum „Teilhaben“
- d ☐ In Problemfällen: Kapitel 5-IIG, 8-D

└➧ 6 *Partner-Situation*

a ☐ Inkarnativ bevorzugt „zustehende" Tendenzen
b ☐ getrennt nach Familien-, Dritt-, Berufs-Partner
c ☐ Auswirkung von Karma-Wechsel/-Verschiebung
d ☐ Würde Partner-Wechsel (nach 6b) persönliche Probleme lösen
e ☐ In Problemfällen: Kapitel 6-A3/6, 6-B2/3a

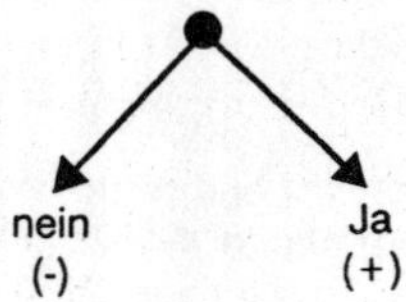

Kontrolle auf Lesezeichen

Frageschema

● Selbstverständlich läßt sich gerade an dieser Stelle über inkarnativ vorprogrammiert verfügbare Fähigkeiten eine Fülle von gezielten Fragen zum persönlichen Trend im Sinne von Plus-/Minus-Aussagen stellen.

● Nutzen Sie diese nach vielen Details besonders kritisch ausgefeilte »Checkliste« in Taf. 10-C1.

● Überprüfen Sie das von 1 bis 6 durchzucheckende Prüfschema in seiner Aussagemöglichkeit als Lebenshilfe für inkarnativ sich anbietende Auswirkungen zu gegebenen oder/und beeinflußbaren Fortentwicklungen.

Fragen zur nächsten Inkarnation

Wenn Sie auf dem Gipfel eines Berges stehen, durchwandert Ihr Blick in Sekundenschnelle das Tal. Aber Ihr Weg nach unten dauert Stunden. Die Entfernung ist dieselbe. So relativ ist Zeit.

Wenn die Vögel sich zum Vogelflug formieren, geht es für sie an einen Ort, den sie in einem bestimmten Turnus immer wieder aufsuchen: sie fliegen sozusagen zurück in die Vergangenheit. Am Ziel angelangt aber befinden sie sich in der Gegenwart – und wenn sie von dort aus starten, fliegen sie abermals zurück in die Vergangenheit, die, sobald sie den ursprünglichen Ausgangsort erreicht haben, für sie zunächst die Zukunft darstellt und erst danach zur Gegenwart wird. – Und für uns Menschen ist es immer noch Gegenwart. So relativ ist Zeit.

Alles ist gegenwärtig in unserer Wahrnehmung: Vergangenheit, Gegenwart, Zukunft. Alles ist Gegenwart. Gegenwärtige Gleich-Zeitigkeit. Die Zeit selbst ist für uns nur ein Maß für Entfernungen – und wie relativ ist doch Entfernung, wenn wir unsere Augen oder unsere Füße wandern lassen.

Es ist folglich kein höherer Schwierigkeitsgrad damit verbunden, die Zukunft zu erpendeln als die Präexistenz. Der einzige Unterschied, den es gibt, ist nicht sichtbar und meßbar, er liegt in uns: Wenn wir uns unsere karmische Entwicklung vor Augen führen, so erhalten wir unabdingbar auch das Endresultat unseres jetzigen Lebens, denn dieses Resultat wird der Ausgangspunkt sein, wenn wir reinkarniert werden. Wir kennen, wie die Vögel, die Zukunft vor der Gegenwart.

Wenn Sie sich stark genug für dieses Wissen fühlen, dann fragen Sie. Wenn Sie wirklich stark im Sinne von reif genug sind, werden Sie Antwort erhalten.

10-D1
Frageanlagen zur nächsten Inkarnation
- Möglichkeiten und Tendenzen -

10-D1a
Vorkontrolle

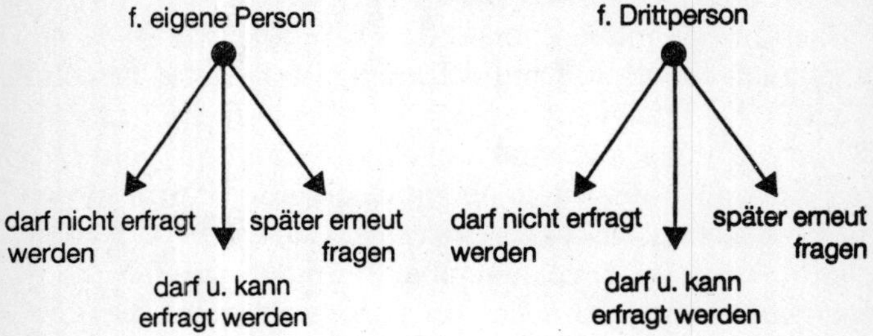

10-D1b
Reinkarnations-Umstände

Sobald Fragen zur nächsten Inkarnation erfragt werden dürfen und können, beginnt man mit: Wann? / Wo? / Wie? / Inkarnations-Name? / Inkarnations-Partner? Weitersuche wie bei Präexistenzforschung (Kap. 11) nach eigener Verantwortung.

Frageschema

- Dem Ansätze zur Nächstinkarnation in Taf. 10-D1a erfragenden Geistpendler wird sich die kosmische Weisheit möglicherweise nicht verschliessen.
- Versuchen Sie es mit äußerst behutsamen Pendelfragen... und seien Sie glücklich über jeden Fingerzeig.
- Hier die sonst gewohnte "Kontrolle" durchzuführen ist "zur Zeit" noch nicht möglich....

Kapitel 11

Beweise

Die Reinkarnationsforschung führt den ernsthaft Suchenden zu tiefster Wahrheit, und Sie selbst mögen nun entscheiden, ob es noch äußerer Beweise bedarf. Doch Vorsicht: jedes Finden ist die Begegnung mit einer in ihrem Ausmaß vorher nicht kalkulierbaren Realität, dem Maß an Wahrheit freilich, für das man zu diesem Zeitpunkt reif genug ist. Wer mehr an Offenbarung verlangt, der prüfe sorgfältig seine Motive! Es ist für Ihre Psyche ein dramatischer Unterschied, ob Ihnen eine Erkenntnis durch innere Gewißheit zuteil wird oder durch äußere:

Sie können sogenannte Spontane Erinnerungen haben, sobald Sie den Lebensbereich Ihrer Präexistenz betreten, und es mag sich vor Ihrem geistigen Auge mehr an Detailwissen auftun, als Sie zum gegebenen Zeitpunkt verarbeiten können.

Sie können ideelle wie materielle Schätze finden und über einen (wahrscheinlichen) Mangel derselben in Ihrem heutigen Leben in unübersehbare Unzufriedenheit, in Depressionen, aber auch in Anmaßung, verfallen. Sie können auch Menschen begegnen, die Ihr jetziges Dasein nicht unbedingt zum Positiven hin prägen.

Sie können plötzlich vor Ihrem eigenen Grab stehen, vor dem Ihrer Eltern, Kinder oder eines bestimmten Menschen, den Sie geliebt haben, und dies kann schwere Konflikte auslösen, wenn Sie das Maß Ihrer psychischen Belastbarkeit überschätzt haben.

Genauso können Sie jenen Menschen treffen, den Sie seit Anbeginn Ihres Seins lieben – und er ist heute nicht frei für Sie. Und natürlich können Sie hilfreiche Schlüsselerlebnisse zu heutigen Verhaltensmustern, psychosomatischen Leiden, Problemen und anderen Seins-Fragen haben.

Es gibt verschiedene Qualitäten des Suchens und so auch des Findens, und es macht einen gravierenden Unterschied, ob Sie sich selbst etwas beweisen wollen – oder anderen.

Was Sie bis jetzt gefunden haben, ist viel, sehr viel. Auf dem Pfad, den weiterzugehen Sie nun die Freiheit haben, warten nicht nur Beweise, sondern auch Prüfungen auf Sie.

In diesem abschließenden 11. Kapitel, dessen Ziffer kabbalistisch der „Spirituellen Erfahrung“ entspricht, geben wir deshalb nur global Hinweise, wonach Sie suchen könnten.

Vor allem aber möchten wir die Anregung geben, über die kabbalistische Entsprechung des Wortes „Beweise“ zu reflektieren:

BEWEISE = 2+5+6+5+10+21+5=54−9=45:9=5+1 (Ich-Zahl) = 6/PRÜFUNG.

11-A
Vorwegfragen

1 Gibt es heute Beweise für mir zugängliches Wissen durch ernsthafte Pendelbefragung

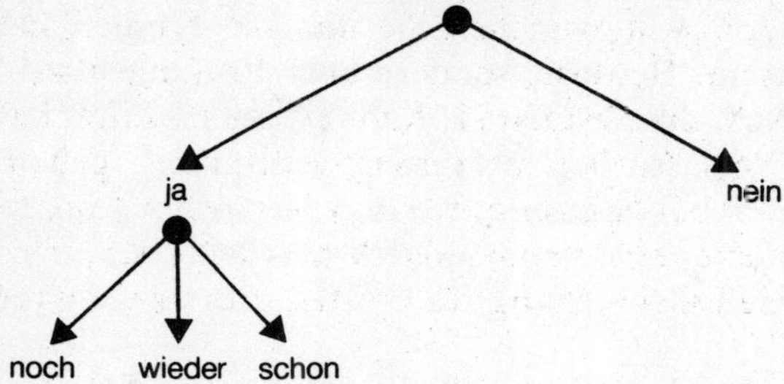

2 Darf ich nach Beweisen forschen

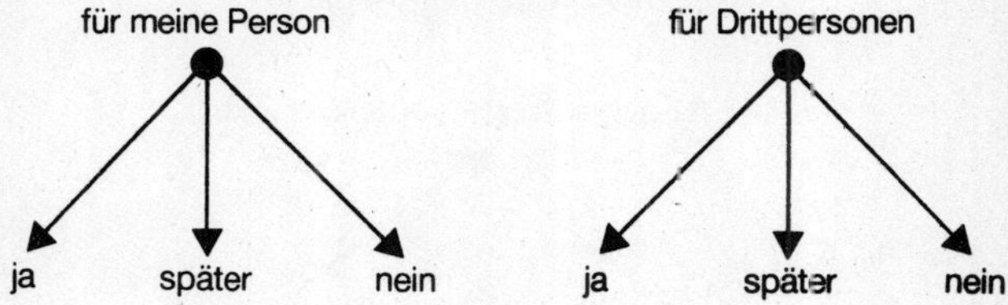

3a Bin ich bei Nachforschungen auf mich allein gestellt

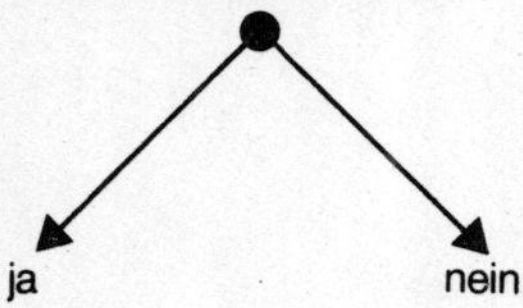

3b Brauche ich Kontaktpersonen

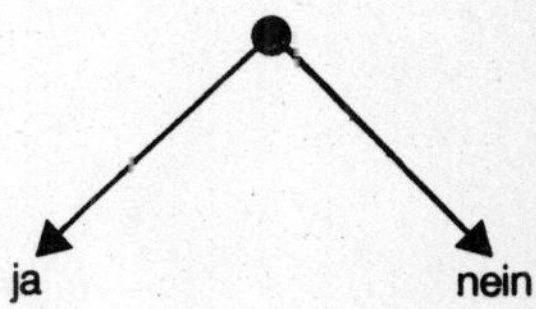

Weiter: Kap. 2-6

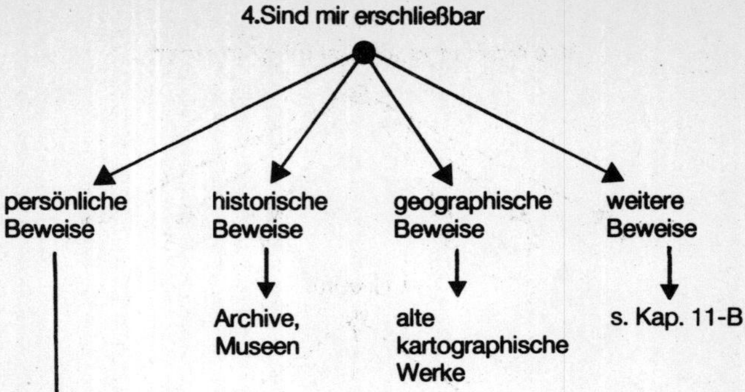

Verletzte Organe, Gräber, Denkmäler, Plätze, Häuser, Fotos, u. Schriftstücke, erhalten gebliebene Werke wie Kunstobjekte, Handwerkliches etc. Suche ggf. in Archiven, Museen, alten Einwohnermeldeverzeichnissen etc.

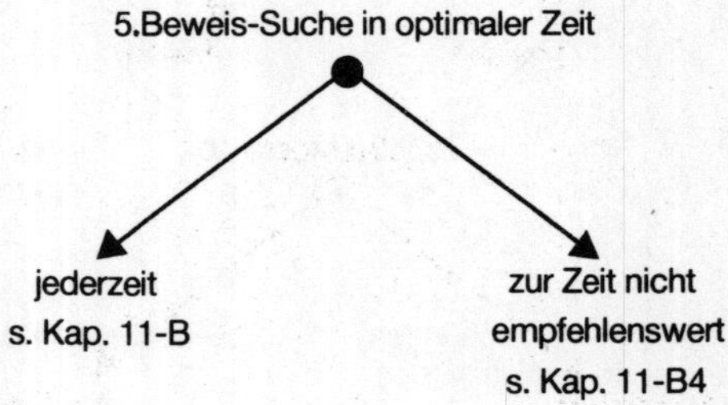

Kontrolle
nur für Präexistenzen

11-B
Ihre Nachforschung ist möglich durch...

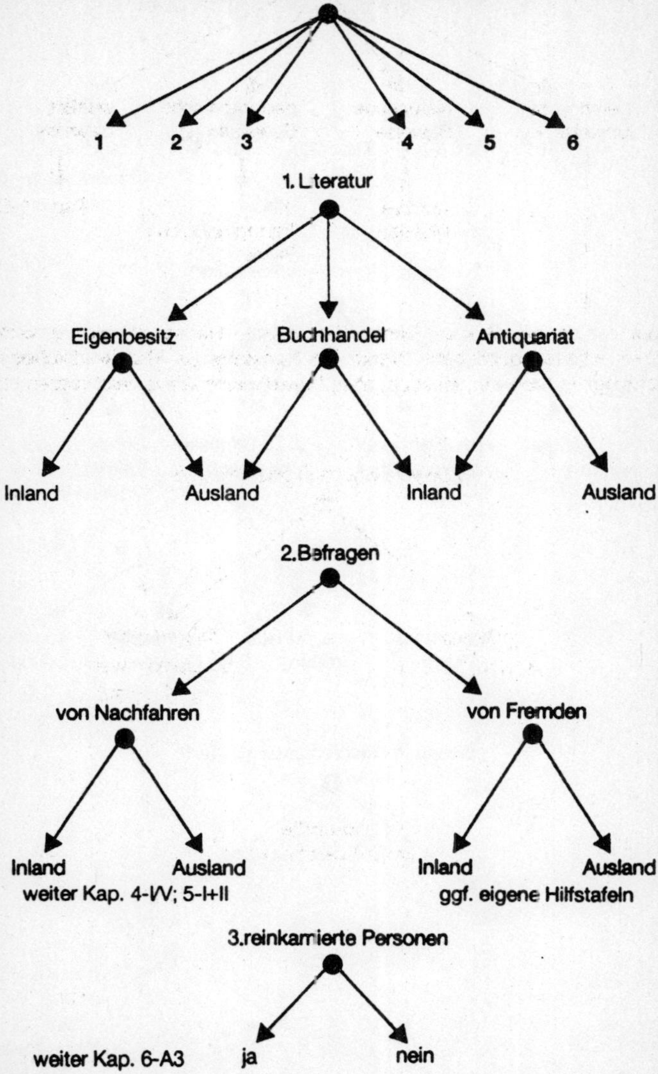

4.Reisen

geographische Standpunkte ermitteln über...

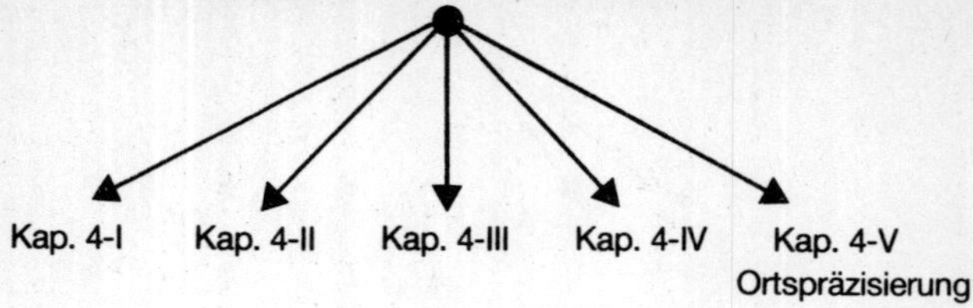

5.Umgebung von Reinkarnation

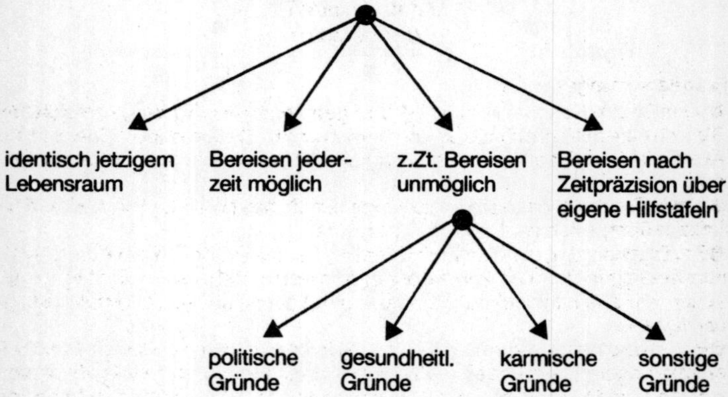

6.weitere Nachforschungshilfen

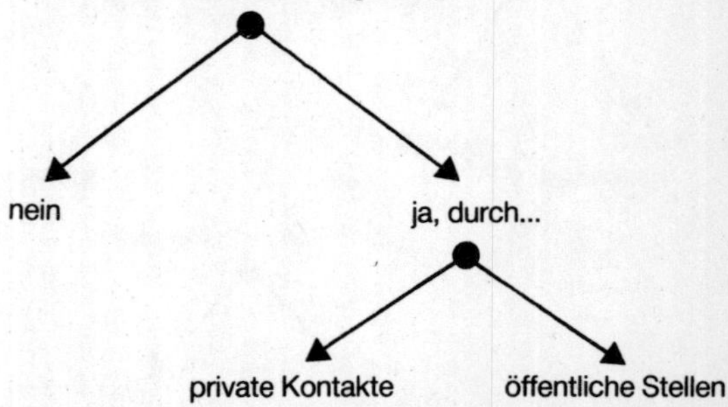

11-B1
Darf ich mich zu erkennen geben

weiter Kap. 6-A4/6

weiter eigene Hilfstafeln

Kontrolle nur für
Präexistenzen

Frageanleitungen

● Sämtliche in Kapitel 11-A und 11-B angebotenen Beweis-Wege erschließen Sie sich bitte getrennt für die eigene Person und für Drittpersonen. Ebenso sind Auskünfte über Präexistenz- und Reinkarnations-Beweise getrennt auszupendeln.

● Jedes Ergebnis, das eine Präexistenz betrifft, sollten Sie bitte grundzätzlich kritisch überprüfen mit Kontroll-Lesezeichen.

● Bei Ergebnissen, die eine Reinkarnation betreffen, können die Autoren aus verständlichen Gründen keine Kontrolle anbieten und raten - aus psychologischen wie aus karmischen Gründen - auch selbst auf solche Kontrollen zu verzichten.

● Für Inarbeitnahme von Kapitel 11 empfehlen wir, auf der Basis des schon einmal gegangenen Lebens-"Kapitel"-Weges suchen und vielleicht finden voranzuschreiten und auch die jeweiligen dort angegebenen Kapitel-Verweise zu Rate zu ziehen.

Pendelkontrolle auf Lesezeichen

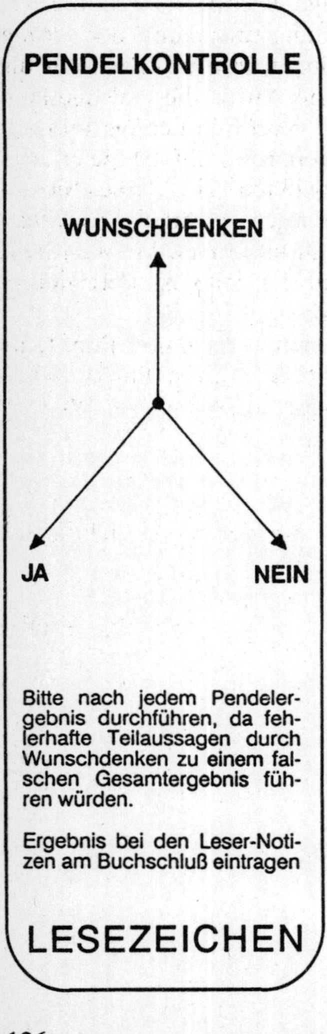

Liebe Leserin, lieber Leser!

Sie sehen links eine Abbildung des Lesezeichens, auf dem die im Buch angegebenen notwendigen Pendelkontrollen ausgeführt werden können.
Fleißige Helfer des Buchbinders haben in jedes Exemplar ein solches Lesezeichen eingelegt – danach wurde es eingeschweißt.
Sollte aber das Lesezeichen Ihres Buches nach Entfernen der Folie verlorengegangen sein – was wir nicht hoffen –, kann der Verlag keinen Ersatz leisten, da für jedes Buch nur 1 Lesezeichen gedruckt wurde.
Bitte verfahren Sie ggf. wie folgt: Fotokopieren Sie diese Buchseite, schneiden Sie das Lesezeichen heraus, und kleben Sie es auf einen Postkartenkarton. – Oder Sie schlagen einfach immer dann, wenn es im Text heißt: „Kontrolle auf Lesezeichen“, diese Seite hier auf; danke für Ihr Verständnis.

Nachwort

Mario Atti und ich haben einige wichtige Jahre unseres Lebens der Reinkarnationsforschung und damit der Arbeit an diesem Buch gewidmet; für ihn waren es gleichsam die letzten Lebensjahre. 1986 ist Mario Atti in die Geistige Heimat zurückgekehrt und erlebt die Veröffentlichung nun aus der jenseitigen, aus der vollkommeneren Sicht. Möge er auch jetzt noch mit mir der frohen Gewißheit sein, daß es Sie auf Ihrer Reise vom Gestern zum Morgen spirituell bereichert, wenn Sie forschen wie wir: mit Mut und Liebe zur Wahrheit, mit der Bereitschaft zu lernen und sich selbst zu korrigieren, wo dies sichtbar erforderlich wird.

Nun gelangt jedes Erkennen einmal an einen Punkt, an dem Schweigen geboten ist. Just an diesem Punkt haben Mario Atti und ich das Buch abgeschlossen.

Der Berufene kommt damit weiter.

Jeder andere nicht weit genug.

Dies ist also Kalkül.

Wenn Sie es richtig betrachten, werden Sie es richtig verstehen.

Angelika Hoefler

FACHWORT-VERZEICHNIS

Adept, Eingeweihter

Astraleinfluß, als in Kapitel V-2B zitierte Pendel-Fehlerursache, betrifft die Möglichkeit störender Strahlenauswirkung von „Gestirnen“ im weitesten Sinne „im Moment des Pendelns“

Datumzahl, kabbalistische Zahlenwertung, z. B. des Geburtsdatums (s. Kapitel 8-B1 Nr. 2b)

Geburtsaspekt, nach Hoefler/Atti der karmaverschlüsselte Komplex (Ganzheit) aus Geburts-Ort + Geburts-Datum + Geburts-Tageszeit (s. Kapitel 5-IB/2)

Geistiges Pendeln, (s.) Pendeln durch erfahrene Pendler mit mindestens 65 % Pendelkraft/Pendelfähigkeit (s. Kap. V1)

Ich-Zahl (Personenzahl); in der (s.) Q-Formel die abschließende Zuzählung von 1 (+1) als Ausdruck für karmische Ich-Einbeziehung in den neuen „Schöpfungsakt“ bei Personennamen. Bei mehreren Personen wird die jeweilige Anzahl hinzugezählt, z. B. bei Ehepartnern +2

Imagination, Einbildung (skraft), Phantasie, bildhaft anschauliches Denken, z. B. als *-swelt* durch seelisch verinnerlichte Vorstellungstendenz (s. Kapitel V1)

Inkarnation, „Fleischwerdung“, Menschwerdung, Verkörperung

inkarnativ, (s.) Inkarnation Betreffendes

Inspiration, „Einhauchung“, höhere Erleuchtung (mit Einblick in Profanen normalerweise verschlossene Dinge) z. B. als *-swelt* durch geistige Erleuchtungstendenz (s. Kapitel V1)

integral, vollständig, vollkommen. *-es Bewußtsein* betrifft höchste Vollkommenheit als Ganzheit, in allen Teilen (s. Kapitel V1)

Intuition, geistige Erkenntnis, Sinneswahrnehmung, Eingebung – z. B. als *-swelt* mit geistiger Erkenntnis-Tendenz im Wollen/Handeln, mit Blick zur Ganzheit/Vollkommenheit (s. Kapitel V1)

Kabbala, Cabbala (hebräisch), „Überlieferung“ des (s.) kosmischen Ordnungssystems der *Kabbalistik* als Wissenschaft von der (s.) karmaverhafteten Buchstaben-/Zahlen-Analogie. K. vermittelt älteste Überlieferung allen esoterischen Wissens. Begründet sich nach moderner Vorstellung auf dem Schwingungsrhythmus jedes Buchstabens und damit jedes aus Buchstaben zusammengesetzten Wortes. Hierauf beruht auch das Prinzip kabbalistischer Karmadeutung aus Namen (s. Kapitel 8-A)

Karma (vom Sanskritwort Kri), im (s.) metaphysischen Sinne das Gesetz des Ausgleichs der Wirkung von Gut und

Böse. K. beeinflußt über frühere (s.) Inkarnationen nach dem Tode die Wiedergeburt (s. Reinkarnation) als schicksalhaftes Tun des Menschen (s. Kapitel 8-A)

Karmische Deutungszahl, ergibt sich aus dem kabbalistischen (s.) Zahlenwert und dessen Verrechnung mit der (s.) Q-Formel unter Berücksichtigung der entsprechenden (s.) Personenzahl

kosmisch, betrifft *Kosmos,* Weltall, Weltordnung, d. h. Makrokosmos im Gegensatz zum Mikrokosmos

kosmische Schwingungen, auffaßbar als eine sich in Wellenbewegung (= periodisches Hin und Her) ausbreitende Energie. Erregungszentrum sind Urkräfte im Kosmos. Sie beeinflussen (ähnlich Planetenkräften) durch Schwingungsgesetze das menschliche Leben. Hierzu gehören die (s.) Tattwas

latent, zur Zeit verborgen (im Unterbewußtsein), kann plötzlich wirksam werden

magnetische Meridiane. Die als (s.) Meridiane gedachten geografischen Orientierungslinien zwischen Nord- und Südpol liegen im Erdmagnetfeld mit dort zirkulierender Energie in Form magnetischer Impulse. Der magnetische *Energiezufluß* erfolgt hierbei vom Südpol (= magnetischer Pluspol) in Richtung Nordpol (= magnetischer Minuspol). Damit erklärt sich die Empfehlung zum (s.) Pendeln in Süd-Blickrichtung (s. Kapitel V1) als anregende Impulsquelle

mental, geistig, in Gedanken

Meridiane, geografische Längengrade von Pol zu Pol. Auf gleichem M. gelegene Orte haben gleiche Uhr-Zeit. (s. Magnetische Meridiane)

metaphysisch, hinter/über dem (s.) Physischen, über allem Erfahrungsdenken, betrifft Übersinnliches, (s.) Transzendentales

MEZ, Mitteleuropäische Zeit (s. Kapitel 5-IB/2c)

Mutation, Veränderung/Wechsel im Erbgefüge (s. Kapitel 3+4-III)

Namenzahl, kabbalistische Buchstaben/Zahlenwertung von Vorname (= Rufname) + Familienname (s. Kapitel 8-B1 Nr. 1)

Ortszahl, kabbalistische Buchstaben/Zahlenwertung des jeweiligen Ortes – z. B. als Geburtsort (s. Kapitel 8-B1 Nr. 2a)

Pendel, an Faden oder Kettchen aufgehängtes „Instrument", das als Transformator dient, und zwar zur Umformung von Einstrahlungsenergie in Bewegung. *P.bewegung* ist somit auffaßbar als angezeigter Energieschub, dessen auslösende Ursache Strahlungskräfte sind – z. B. kosmische Urkraftstrahlen, Erdstrahlen ebenso wie Strahlungen durch geistige und allgemeinmenschliche Spannungsverhältnisse (s. Pendeln). Dem Energieprinzip folgt der *P.grundsatz:* Das Pendel irrt nie! Möglicher *P.irrtum* begründet sich demnach stets im Bereich des Pendlers als häufig überschätzte *Pendelkraft* (s. Kapitel V1) oder häufig unterschätzter Störeinfluß (s. Kapitel V2)

Pendeln, richtiger bezeichnet als „Auspendeln“, denn das ist die wissende Inanspruchnahme des (s.) Pendels als Transformator, um auf vorher gedanklich festgelegte Fragen eine Antwort zu erhalten. Normalerweise als links oder rechts herum schwingende Kreise, Ellipsen, Striche. Im vorliegenden Buch wird die Antwortfindung vereinfacht auf Ja/Nein-Auspendeln. *Optimales P.* geschieht in Süd-Blickrichtung im (s.) magnetischen Meridian. (s. Geistiges Pendeln)

Personenzahl, s. unter Ich-Zahl

Prä ... (lateinisch), Vor ...

Prädestination, Vorherbestimmtsein (für etwas Besonderes)

Präexistenz, vorgeburtliches Leben (der Seele). Erschließt sich dem (s.) Geistigen Pendler

Präinkarnation, vorgeburtliche (s.) Inkarnation

Q-Formel (= Quersummenformel), betrifft die sog. „kabbalistische Reduktion“ als Bezeichnung (Q-Formel nach Hoefler/Atti) für −Q:9(+1). Beruht darauf, daß alle Zahlen aus den ersten 9 Zahlen (1-9) bestehen und folglich auch alle übrigen Zahlen minus ihrer Quersumme immer teilbar sind durch 9. Weiteres s. Ich-Zahl; s. Kapitel 8-A4a

Reinkarnation, Wiederverkörperung, Wiedergeburt. Das jedesmal mitgebrachte (s.) „Karma“. *-skette,* aus mehreren zusammenhängenden Folgen von R.

sensitiv, feinnervig, überempfindlich

Sommerzeit, während der Sommermonate (Mai – September) vorverlegte Uhrzeit um meist eine Stunde (s. Kapitel 5-IB/2c/d)

Tattwas (altindisch), kosmische Schwingungsrhythmen im Sinne von „Feinstkraftstrahlung“, mit Einfluß auf zeitlich irdisches Geschehen. T.vorhandensein ist feststellbar durch (s.) Pendeln. Fünf verschiedene T.s, die stets bei Sonnenaufgang beginnen, beschreibt Kapitel 5-IB/2

Transformation, Umformung, Umwandlung

transzendental, betrifft das Überschreiten diesseitiger Erfahrungsgrenzen und des Bewußtseins

verifizierbar, prüfbar, nachweisbar

WZ, Weltzeit (s. Kapitel 5-IB/2c)

Zahlenwert, entspricht der jeweiligen kabbalistischen Buchstaben/Zahlenwertung (s. Kapitel 8-A4)

Zeitzahl, kabbalistische Zahlenwertung eines (Uhr-) Zeitgeschehens – z. B. der Geburtszeit (s. Kapitel 8-B1 Nr. 2c)

Stichwort-Verzeichnis

Alphabetisches Sachregister

* ABC, siehe Fachwort-Verzeichnis

Ergebnisse Ihrer Reinkarnationsforschung

Seite	Tafel	Fragethema	Ergebnis für eigene Person	Ergebnis für Drittperson
				Name:
	V1-A	Pendelkraft, Pendelfähigkeitsgrad		
	V2-A	Fragezeit		
	V2-B	Fehlerursache		
	V2-D	Pendeluhr(zeit) nach Tattwa-Uhr		
	1B	Präexistenz Anzahl der Inkarnationen gesamt		
		davon vor dem Jahre Null nach dem Jahre Null		
		davon erfragbar Anzahl vor Jahr Null Anzahl nach Jahr Null		
	1C	Detail-Zugänglichkeit allgemein		
		Anzahl befragbarer Inkarnationen		
	2B	Inkarnationszeit von/bis		
		Geburtsdatum		
		Sterbedatum		
	3A	Geschlecht der Inkarnation(en) Anzahl weiblich Anzahl männlich		
	3B	Geschlecht der befragten Inkarnation		
	4-IB	Kontinent-Suchbereich		

Seite Tafel	Fragethema	Ergebnis für eigene Person	Ergebnis für Drittperson
			Name:
4-IC	geboren in gelebt in überwiegend gelebt in vorübergehend gelebt in gestorben in		
4-IIA+B	Europa Land-Suchbereich		
4-IIC	geboren in gelebt in überwiegend gelebt in vorübergehend gelebt in gestorben in		
4-IIIA+B	Mittelmeerkreis Land-Suchbereich		
4-IIID	geboren in gelebt in überwiegend gelebt in vorübergehend gelebt in gestorben in		
4-IVA+B	Deutschland Städte-Suchbereich		
4-IVD	geboren in gelebt in überwiegend gelebt in vorübergehend gelebt in gestorben in		
4-VA	Inkarnationsort definitiv in Ortsnähe von Entfernung in km		
5-IA/1	Herkunft Stand		
5-IA/2	Familienstand Elternstatus		
5-IB/1a	Inkarnations-Name		
5-IB/2a	Geburtsaspekt		

Seite Tafel	Fragethema	Ergebnis für eigene Person	Ergebnis für Drittperson
			Name:
5-IB/2b	Inkarnations-Ort		
5-IB/2c	Inkarnations-Datum		
5-IB/2d	Inkarnative Tageszeit		
	bei Geburt schwingendes Tattwa		
5-IIA	Sozialstatus/Beruf		
5-IIB	Status bei Berufslosigkeit		
5-IIC	Gründe für Berufslosigkeit		
5-IIE	Berufsstand, Arbeitsbereich Position im Beruf		
5-IIG	Besitzstand Gründe für Besitzstand		
5-IIIA	Inkarnations-Porträt Äußere Merkmale: Aussehen allgemein Gesicht Statur allgemein Größe		
5-IIB	Haarfarbe Augenfarbe		
5-IV	Inkarnationsnaturell (Umgangsnaturell)		
5-V	Lebensauftrag Art des damaligen Auftrags Spezieller Hinweis		
6	Partner-Inkarnation Wiederbegegnung mit Familienpartner? mit Drittpartner?		

Seite Tafel	Fragethema	Ergebnis für eigene Person	Ergebnis für Drittperson
			Name:
6A-1	Wiederbegegnung mit Familienpartner in befragter Inkarnation? in anderer Inkarnation: in mehreren Inkarnationen, und zwar: mit wem? Inkarnations-Zeit Inkarnations-Anzahl Inkarnations-Ort Karmische Situation damals Karmische Situation heute Details		
6A–3b+c	Geschlecht der Schlüsselperson damals heute Verwandtschaftsgrad (Beziehungsgrad) damals heute		
6A-4	Sympathiegrad der eigenen gegenüber der Drittperson damals heute Sympathiegrad der Drittperson gegenüber der eigenen Person damals heute		
6A-5	Weitere Verwandte		

Seite Tafel	Fragethema	Ergebnis für eigene Person	Ergebnis für Drittperson
			Name:
6B-1	Wiederbegegnung mit Drittpartner schon erfolgt? noch zu erwarten?		
	Kontakt nur eingeschränkt möglich?		
6B-2	Partnerkreis-Suchbereich heutige: Verwandte Liebende/Partner Freunde Bekannte Fernerstehende		
6B-3a	Sympathiegrad der eigenen gegenüber der Drittperson damals heute		
	Sympathiegrad der Drittperson gegenüber der eigenen Person damals heute		
6B-4	Partnerschicksale befragte Person ist verstorben lebt noch		
6B-5	Partner-Reinkarnation befragte Person ist noch nicht reinkarniert ist wieder reinkarniert Details		
7A	Kontrolle Drittpersonen-Tod bestätigt? nicht bestätigt? vermißt/verschollen?		

Seite Tafel	Fragethema	Ergebnis für eigene Person	Ergebnis für Drittperson
			Name:
7-B/D	Todesumstände Historische Umstände Allgemeine Umstände Todesart Folge von:		
7-E	Todeszeit Sterbe-Ort		
	Beerdigt in Ort/Platz Status der Grabstätte		
7F-2	Letztgedanken		
7G-3	In Präexistenz verletzte Organe		
8A-3a	Karma-Analogie Deutung für damals für heute		
8B-1	Karma damals heute		
8B-2	Hauptcharakterzug damals heute		
8B-3	Lebensziel und Hauptprüfungen damals heute		
8C-2	Positivanteile in % damals heute		
	Negativanteile in % damals heute		

Seite Tafel	Fragethema	Ergebnis für eigene Person	Ergebnis für Drittperson
			Name:
8D-1	Reinkarnative Tendenzen Karmische Beziehungs-Konstellation		
	Positiv-Tendenzen		
	Übergangs-Tendenzen		
	Negativ-Tendenzen		
10-A1	Ich-Erkenntnisbereitschaft für die Inarbeitnahme der Kapitel Inkarnations-Bilanz, Inkarnations-Anlagen, Fragen zur nächsten Inkarnation		
10B-1	Inkarnations-Bilanz für eigene Person Aufgabe erfüllt: (wie) damals? (wie) heute?		
	Bilanz für Verstorbene Aufgabe erfüllt: (wie) in Präexistenz? (wie) in Letztinkarnation? Grund für evtl. Nichterfüllen in Präexistenz in Letztinkarnation		
10B-2	Positiv-Bilanz in % damals heute		
	Negativ-Bilanz in % damals heute		

Seite Tafel	Fragethema	Ergebnis für eigene Person	Ergebnis für Drittperson
			Name:
10C-1	Inkarnative Fähigkeiten und Fehler:		
	Positiv-Auswirkung GEO		
	damals		
	heute		
	Negativ-Auswirkung GEO		
	damals		
	heute		
	Positiv-Auswirkung Aufgabe		
	damals		
	heute		
	Negativ-Auswirkung Aufgabe		
	damals		
	heute		
	Positiv-Auswirkung Neigungen		
	damals		
	heute		
	Negativ-Auswirkungen Fehler		
	damals		
	heute		
	Positiv-Auswirkung Sozialmilieu		
	damals		
	heute		
	Negativ-Auswirkung Sozialmilieu		
	damals		
	heute		
	Positiv-Auswirkung Besitzstand		
	damals		
	heute		
	Negativ-Auswirkung Besitzstand		
	damals		
	heute		

Literatur

Auswahl

Arends, Michael: Elementare Fragen zur Reinkarnation. St. Michael/Österreich 1981
Cerminara, Gina: Erregende Zeugnisse von Karma und Wiedergeburt. Freiburg, 1978
Charon, Jean E.: Tod, wo ist dein Stachel? Wien, 1981
Dante, Alighieri: Die Göttliche Komödie, München 1978
Dethlefsen, Thorwald: Schicksal als Chance, 1982
Fink, Eugen: Metaphysik und Tod. Stuttgart, 1969
Ford, Arthur: Bericht vom Leben nach dem Tode. München, 1980
Gregorius, Gregor A.: Pendelmagie. Berlin, 1955
Henry, M.: Der wissenschaftliche Beweis unseres Weiterlebens nach dem Tode. Bopfingen, 1964
Humphreys, Christmas: Karma und Wiedergeburt. Bern, 1974
Jakob, Georg: Das medizinische Pendelbuch. Bietigheim, 1973
Jürgens, Heinrich: Pendelpraxis und Pendelmagie. Freiburg/Brsg., 1953
Kissener, Hermann: Lebenszahlen, Bd. 1. München, 1983
Körner, Eberhard Maria: Kabbalistische Zukunfts-Prognosen für Jedermann. Warpke-Billerbeck, 1955
Mermet, A.: Pendel als wissenschaftliches Instrument. Colmar, 1935
Mlaker, Rudolf: Geistiges Pendeln. Freiburg/Brsg., 1959
Mulford, Prentice: Vom Unfug des Lebens und des Sterbens. Frankfurt, 1977
Peregregius, Fra: Tattwa, Hellsehen, Astralwallen. Berlin, 1959

Pryse, James Morgan: Reinkarnation im Neuen Testament. Interlaken/Schweiz, 1980
Reichstein, Herbert: Praktisches Lehrbuch der Kabbala, Magie und Mystik der Namen und Zahlen. Berlin 1961
Risse, Wilhelm: Metaphysik. München, 1973
Rochas, Albert de: Die aufeinanderfolgenden Leben. Warpke-Billerbeck.
Roesermueller, Otto: Pendel in Deiner Hand. Freiburg/Brsg., 1953
Spiesberger, Karl: Der erfolgreiche Pendel-Praktiker. Freiburg/Brsg., 1963
Steiner, Rudolf: Aus der Akasha-Chronik. Dornach/Schweiz, 1975
Steiner, Rudolf: Die Offenbarungen des Karma. Dornach/Schweiz, 1976
Steiner, Rudolf: Die Wirklichkeit der höheren Welten. Dornach/Schweiz 1981
Steiner, Rudolf: Wiederverkörperung. Stuttgart, 1982
Steiner, Rudolf: Wie erlangt man Erkenntnisse der höheren Welten? Dornach/Schweiz, 1978
Strauss, Alfred: Deutsche Kabbala, Zahlenmagie der Namen. Leipzig, 1929
Strauss, Alfred: Die Weltzahl Pi. Schwarzenburg/Schweiz, 1979
Trautmann, Werner: Naturwissenschaftler bestätigen Re-Inkarnation. Olten/Freiburg, 1983
Werbrugh, Hugo S.: Wiederkommen. Stuttgart, 1982
Wickland, Otto: Dreißig Jahre unter den Toten. Darmstadt, 1957
Wolf, Helmut: Siderische Pendelpraxis. Memmingen, 1952

M. Tisserand/ M. Jünemann
Zauber und Kraft aus Lavendel

Die Sprache des Duftes ist universell, und tausendfache Möglichkeiten bieten sich dem, der sich in der Kunst seiner subtilen Anwendung versteht. Ätherisches Lavendelöl gehört seit Jahrhunderten zu den beliebtesten Düften. In diesem Buch/ Set werden seine Geheimnisse preisgegeben: alte Überlieferungen, die besten Sorten und Anbaugebiete, seine Verwendung in der Volksheilkunde, Aromatherapie und Medizin, praktische Tips, die bewährtesten Rezepte und vieles mehr.

Buch: 128 Seiten, DM 16,80
ISBN 3-89385-054-6
Set: Buch und Lavendelöl in Geschenk-Box, DM 24,80
ISBN 3-89385-053-8

John Kehoe
MIND POWER
Der praktische Weg zu Gesundheit, Lebensfreude und Erfolg

Die Botschaft von Mind Power ist einfach aber wichtig: Agieren, nicht Reagieren; im Bewußtsein die Samen anlegen, aus denen eine heilsamere Wirklichkeit wachsen kann; aus gesunder Vorstellung gestalten - im eigenen Dasein, in der Partnerschaft, in allen menschlichen Beziehungen. Es ist kein Buch über positives Denken, sondern ein Buch über die Kraft des Denkens, die wir zu unserem Schaden, aber auch zu unserem Glück einsetzen können. Dieses Buch gibt uns das Werkzeug dazu in die Hand.

160 Seiten, DM 16,80
ISBN 3-89385-051-1

Werner Koch

Reinkarnation - Heilung aus der Vergangenheit

Eine Anleitung zum Aktivieren der befreienden Kräfte aus früheren Leben

Dieses Buch beschreibt auf sehr einfühlsame Weise, was die Reinkarnationstherapie als spirituelle Hilfe für uns tun kann. Er vermittelt den sanften Weg, sich auf die Reise in frühere Leben zu begeben, auf eine Reise zu unserem Selbst und zu unserem inneren Heiler. Denn wir können unser volles Potential wesentlich besser nutzen, wenn wir die Kräfte, die wir aus früheren Leben beziehen, kennen, verstehen und integrieren lernen.
Werner Koch zeigt, wie sich die Energien aus früheren Leben in den verschiedenen Chakren manifestieren und noch heute als Gestalter unseres Lebens wirksam werden.

196 Seiten, DM 19,80
ISBN 3-89385-094-5

Angelika Hoefler

Karma - Die Chance des Lebens

Wie Sie jede menschliche Prüfung in einen persönlichen Erfolg verwandeln

Karma heißt "Tun", und dieses Buch sagt uns, was zu tun ist. Es läßt uns Dinge wie etwa unseren Beruf oder Begegnungen und Trennungen, aber auch die zuwenig beachteten Momentaufnahmen unseres All-Tages mit anderen Augen und aus einem neuen Blickwinkel sehen. Denn Leben ist nicht unabwendbares "Schicksal", sondern Chance - in jedem Augenblick veränderbar zum Besseren. Dieses Buch ist ein Augenöffner. Der Text knistert geradezu wie mit Erfahrung aufgeladen. Karma als Weg zur Selbstheilung.

128 Seiten, DM 16,80
ISBN 3-89385-065-1